中外巨人传

柳 宗 元

韩子姣 著

辽海出版社

图书在版编目（CIP）数据

柳宗元 / 韩子姣著 . — 沈阳 : 辽海出版社，
2016.5（2019.1 重印）
ISBN 978-7-5451-3040-9

Ⅰ . ①柳… Ⅱ . ①韩… Ⅲ . ①柳宗元（773-819）—
传记②柳宗元（773-819）—唐诗—诗歌研究③柳宗元（
773-819）—古典散文—古典文学研究 Ⅳ . ① K825.6
② I206.2

中国版本图书馆 CIP 数据核字（2019）第 024185 号

责任编辑：柳海松
责任校对：顾　季
装帧设计：马寄萍

出 版 者：辽海出版社
　地　　址：沈阳市和平区十一纬路 25 号
　邮　　编：110003
　电　　话：024-23284473
　E-mail:dyh550912@163.com
印 刷 者：天津海德伟业印务有限公司
发 行 者：辽海出版社

幅面尺寸：165mm×230mm
印　张：10
字　数：118 千字

出版时间：2016 年 5 月第 1 版
印刷时间：2019 年 1 月第 2 次印刷
定　价：25.00 元

•目　录•

001 前　言

001 第一章：时代与家庭背景

001 一、乱世之中

014 二、名门之后

028 第二章：少时陈力希公侯，许国不复
为身谋——柳宗元的长安仕途

028 一、少精敏，无不通达

040 二、"超美取显"的政坛新秀

045 三、名声大振，一时皆慕与之交

061 四、弱冠同怀长者忧

079 五、永贞革新

092 第三章：风波一跌逝万里，壮心瓦解
空缧囚——柳宗元的永州十年

093 一、 长为孤囚，不能自明

101 二、亲朋凋落，家族愧疚

104 三、不改初衷，"愚"性彪炳

111 四、只令文字传青简，不使功名上景钟

120 五、不得志于今，必取贵于后

137 第四章：从此忧来非一事，岂容华发
待流年——柳宗元的柳州为政

137 一、十年憔悴到秦京，谁料翻为岭外行

143 二、仕虽未达，无忘生人之患

153 三、生有高名，没为众悲

前 言

千山鸟飞绝，万径人踪灭。孤舟蓑笠翁，独钓寒江雪。一首传唱千古，妇孺皆知的《江雪》将柳宗元永远地定格在文学史的桂冠之上，成为后世人们眼中卓越的文学大家。诚然，作为古文运动的重要领导者之一，作为中国寓言和山水游记发展史上独步当代，启源后世的关键性人物，柳宗元在文学史上的重要地位毋庸置疑。然而纵观他宦海浮沉，风云变幻的一生，在是一位优秀文学家的同时，柳宗元更是一位胸怀天下，敢为人先的政治改革家和不同流俗，高瞻远瞩的杰出思想家。在他 47 年的短暂生命里，他曾是"少精敏，无不通达"的世家子弟，他曾是"超显取美"的政坛新秀，更曾是"许国不复为身谋"的改革维新者，更曾是"壮心瓦解空缧囚"的迁臣骚客。他的一生有太多的曲折，太多的坚持，太多的曲高和寡，太多的壮志难酬。他的为人到底是"踏道不谨，昵比小人，自致流离，遂堕素业"（《旧唐书·柳宗元传》）的政治投机者？还是被"因其成败而书之。无所裁正"的"非常之士"（范仲淹·《述梦诗序》）？他的永贞革新到底是"小人乘时偷国柄"（韩愈·《永贞行》）的不忠不义之举？还是"改革积弊，加惠穷民，自天宝以至贞元，少有及此者"（王鸣盛·《十七史商榷》）的一代善政？他的思想到底是"以礼乐为虚器，以天人为不相知云云。虽多，皆此类也。此所谓小人无忌惮者，非君正之大善"

（苏轼·《与江惇礼五首》）的特立独行还是"胆子很大"（《毛泽东在上海》）"出入佛老，唯物主义"（《毛泽东批注历史人物》）的不同流俗。诸如此类的矛盾，在柳宗元身上长期的共存着，后世的史学家、政治家，往往从各自不同的思想认识、政治立场、时代背景去阐述和推测他的生平和思想，从而引发了上千年的争论纷纭。

正如黄庭坚所说"远付百年，公论自出"，时间是最好的试金石，事实是最好的评价者。当千百年的时光打磨掉政治与道统的有色眼镜，传颂于文学史中脍炙人口的柳子散文、寓言、山水诗歌，屹立于罗池之畔的烟火绵延的柳子庙，以及那世代柳州百姓口耳相传的"柳州柳刺史，种柳柳江边"的质朴民歌，都在千年以后，以自己无声的方式证明着柳宗元这个"以谪而出，至死不服"（田锡·《题罗池庙碑阴文》）的悲剧性人物真实的价值所在。古人或有其言而无其行，或有其质而无其文，而言、行、质、文却能在柳宗元身上得到有机统一，本书要做的，就是用力争客观的眼光，在钩沉史料，立足前人、近人的研究成果的基础上，从柳宗元的实际作品出发，在真实的生活中去还原和挖掘柳宗元"彬彬然若黼黻之华襄"的文学成就和他"锵锵然若咸韶之在悬"（田锡·《题罗池庙碑阴文》）的品行。这是笔者的初衷和目标，当然，限于笔者才学有限，言不尽意，识在瓶管之处在所难免，不当之处，还请方家指正。

第一章：时代与家庭背景

一、乱世之中

唐代宗大历八年（773 年），河东柳氏家族中一个新生命呱呱坠地，开始了他与这个动乱、中衰时代交织纠结的一生。

这一年，是"安史之乱"得以平定的第十个年头。大唐王朝已经走过了它盛极一时的"贞观之治"与"开元盛世"，"稻米流脂粟米白，公私仓廪俱丰实。九州道路无豺虎，远行不劳吉日出。齐纨鲁缟车班班，男耕女桑不相失"（杜甫·《忆昔》）的繁荣景象已经成为了遥不可及的回忆而渐行渐远。取而代之的是"宫室焚烧，十不存一；百曹荒废，曾无尺椽；中间畿内，不满千户"（《旧唐书·郭子仪传》）的满目苍夷。唐玄宗后期的挥霍无度与沉迷声色，最终导致了历时八年，殃及大半个中国的"安史之乱"，使长期酝酿的种种社会矛盾终于彻底爆发，成为了唐王朝由盛转衰的重要转折，战火所及，生灵涂炭，民生萧条，李唐王朝百年基业就此元气大伤。

然而，正如司马光在《资治通鉴》中所写："由是（指安史之乱）祸乱继起，兵革不息，民坠涂炭，无所控诉，凡二百余

年。"安史之乱的影响远远没有止步于经济生产的破坏与人口数目的锐减这些一时的苦难，相反，以它对唐王朝多方面、多层次的影响，使李唐王朝最终也没能从这次战祸中重新站立起来，"安史之乱"的种种"后遗症"始终与这个王朝如影随形。尽管众多仁人志士都曾尝试着在经济、政治、军事各各方面做出各种调整改革，唐王朝也曾出现过短暂的中兴之势，然而终究都是"夕阳无限好，只是近黄昏"。军事、政治上遗留的种种弊端积重难返，使"安史之乱"后的唐王朝状况不断，国力衰微，最终蚕食拖垮了这个曾经不可一世的大唐帝国，也无形中影响并决定了柳宗元日后步履维艰的一生。

（一）藩镇割据

藩镇，又名方镇。"藩"意为"保卫"，"镇"则指军镇。其最初形成应在唐玄宗时期，然而它的演化由来却源远流长，有着复杂的军事及政治背景。众所周知，唐王朝是我国封建社会统治的一座高峰，大唐帝国以它强盛的国力与开明的民族政策使众多少数民族政权臣服于它，形成了空前广袤的疆域。史料记载，唐王朝的国土面积，最大时达 1076 万平方公里（一说 1240 万平方公里），当时中亚的绿洲地带也受唐朝支配。形成了南至罗伏州（越南河静）、北括玄阙州（俄罗斯安加拉河流域）、西及安息州（乌兹别克斯坦布哈拉）、东临哥勿州（吉林通化）的辽阔疆域。然而，纵观中国历史，中原王朝与周边少数民族的关系复杂多变，时战时合，无论是汉朝与匈奴的激烈战争还是宋朝与众多少数民族政权的漫长对峙，纵观中国历史，都证明着"弱国无外交"这个不争的历史事实。所以，唐王朝疆土辽阔民族融合的喜人局面

固然有着其兼收并蓄，开放包容的民族政策的影响因素，更加是以强悍的军事与经济实力为依托的，是各方实力与利益的暂时平衡体。所以，采取有力的措施巩固对边疆地区的统治成为统治者所必须面对的一道难题。为有效管理少数民族，唐王朝继承前代经验，分别设立了安西、安北、安东、安南、单于、北庭六大都护府，强有力的维护了边疆的统治。然而到了唐玄宗时期，明皇好大喜功，开疆拓土，而同时各少数民族纷纷崛起，野心膨胀，双方矛盾不断。故而为了进一步稳定边疆，玄宗一方面扩大节度大使（都护府长官）职权，赋予其军事统领、财政支配及监察督管内州县的权力，另一方面不断扩充防戍军镇的数量，在边境设置十节度使，统称"藩镇"。由此，形成了所谓藩镇的雏形。安史之乱时，为了应对叛军及周边各族侵扰，"藩镇"数量继续增加，权力继续扩大。安史之乱后，中央外强中干，只能一味安抚众多藩镇，封官许愿，至9世纪初，全国藩镇达四十余个，职位由子弟或部将承袭，不受中央政令管辖，尾大不掉的局面最终形成。

　　藩镇割据带来了无休止的战争，柳宗元出生时，藩镇之间或互相攻伐，或联合对抗中央，全国狼烟四起。朝廷几次试图削藩，不仅收效甚微，藩镇叛乱有增无减，甚至因策略不当引发了"建中之乱"。德宗即位之初，颇有励精图之心，对藩镇采取了强硬政策，试图削藩。因此，当成德节度使李宝臣死，其子李惟岳请行藩镇传子时，德宗有意借此收归藩镇任免权，一改代宗时藩镇传子之例，坚持不允，从而引发了李惟岳勾结田悦等四藩将联合反唐。唐军初战告捷，李惟岳虽兵败被杀，但唐军的平叛，因兵力不足，多以藩镇军治叛军。但最后的结果，往往是二者都起来反对唐中央政权。李惟岳被杀不久，在瓜分成德领地时，因处理不

当导致了参战诸将不服，幽州节度使朱滔又联合魏博节度使田悦、淄青节度使李纳和淮西节度使李希烈等再次举兵叛乱。建中四年，唐军被李希烈困襄城，德宗急忙抽调姚令言泾原兵五千人赴援解围，不料，由于没有赏赐钱粮及犒师饭菜粗粝，泾原兵在长安就地反叛，拥立朱泚为帝，德宗无奈带着几百人仓皇逃跑，逃至奉天（今陕西乾县）时，被叛军围在城中达一月之久，德宗最后听从了陆贽建议，颁发罪己诏，称凡与兵叛乱者，只要投降则既往不咎，并承诺免除其若干赋税徭役，才暂时与叛军达成妥协。直至贞元二年（786 年），才在神策军将李晟等的努力之下勉强平定了叛乱。而这时，这场叛乱已持续了整整六年之久。

这一年，柳宗元十五岁，当时柳宗元一家并未离开长安，而他的父亲柳镇时任鄂、岳、沔三洲防御使李兼幕僚，期间曾由夏口至长安，经沦陷地，很长时间没有消息，音信全无的父亲使家中的姐妹日夜担心以致"默泣不食"（《亡姊崔君夫人墓志盖石文》），从这个细节中，不难看出柳家人在战乱中品尝到的那种战争带给当时众多民众的妻离子散之苦。除此之外，柳宗元还亲见了一线战火的残酷。当时为避战乱，他被父亲送到任所夏口（今湖北省武汉市武昌区）。夏口城为三国时期孙权所建，是江、汉运路的枢纽，城建后，孙权亲派宗室率军镇守，其战略位置之重可见一斑。唐军在此与叛军展开激战，李兼亲率士卒拼死迎战，最终战死，才取得了战斗的胜利，此次战役之激烈程度可想而知。战火的洗礼在柳宗元的心中留下了难以磨灭的痕迹，如果说"安史之乱"的痛苦只能从父辈柳镇"举家如吴"的回忆中耳濡目染，那么"建中之乱"则是他亲身经历的切肤之痛。从而，奠定了他日后政治观念中深重的忧患意识与救亡责任感。

从建中之乱中藩将动辄起兵逼宫这种嚣张跋扈中的气焰中，我们不难想见中唐藩镇割据情况之严重程度。而更为不幸的是，经此一役，统治者对于藩镇更加心生忌惮，不仅重回绥靖的老路，且程度有增无减，进一步助长了藩将的气焰，增强了其胆量与实力，中央集权逐渐名存实亡，各个藩镇开始各自为政。最为可怕的是，此起彼伏的叛乱使皇帝对文武百官的猜疑顾忌日渐滋长，最终转而信任看似更容易被控制，也更为恭顺的家奴——宦官，从而引发了李唐王朝的又一致命症候——宦官专权。

（二）宦官专权

宦官专权之所以屡禁不止，实则源于皇帝对他们的庇护与信任。而皇帝对宦官的宠幸，也有着其深刻而复杂的内在原因。宦官是宫廷中料理皇帝饮食起居的内侍，他们"日夕侍天子，狎则无威"（《新唐书·宦者传序》）久而久之，容易与皇帝形成亲近关系。更何况，很多宦官与皇帝从小耳鬓厮磨，是他们从小的玩伴或监护者，因而，相比较于外朝的官员来说，皇帝从心理上倾向于信任宦官，认为他们更容易服从，宪宗曾有云："此家奴耳，向以其驱使之久，故假以恩施，若有违犯，朕去之轻如一毛耳。"另外，宦官作为刑余之人，生理上的缺陷使得他们对皇权的渴望和威胁似乎相对那些时而举旗作乱的藩镇将领，文武百官要小的多。故而，皇帝重用宦官，既是其个人喜好所致，更有其不便言说的小算盘在其中。然而皇帝们没有看到的是，宦官，作为一个特殊群体有着其本身固有的局限性。一方面，他们年幼时便或因家贫饥寒，或因获罪被俘而迫不得已被阉割入宫，生理上的缺失和心理上的阴影，加之宫廷生活中的残酷倾轧，夹缝生存以及世

人的冷眼相待，嗤之以鼻，往往会导致其心理的扭曲变态，表面的恭顺往往只是不得已而为之的生存面具，骨子里则是自私狭隘，嫉贤妒能，残酷无情，贪财好利的内在本质。他们往往不择手段地谋权夺利，以报复世人、命运或弥补自己缺失的尊严，这在心理上已经构成了其祸国殃民的内在基础。更何况，宦官们往往是从小入宫，为人奴役，除了钻营拍马，逢迎上意的必修课外，其文化政治军事水准自然不会太高，由这样的人执掌朝廷大权，即使"心有余"，恐怕也是"力不足"的，明英宗朱祁镇即是因为一味宠信宦官王振，对其之言言听计从，故而亲征瓦剌，抵土木堡兵败被俘。

宦官专政并非唐朝首创，秦朝便已有赵高"指鹿为马"之事，直到明朝仍然覆辙重蹈，然而唐朝的宦官专政程度却是前无古人后无来者的。宪宗到昭宗期间登基的 9 个皇帝中，就有 7 个是由宦官所拥立，更有敬宗与顺宗被他们所杀。正如司马光在《资治通鉴》中所指出："唐代宦官之祸始于明皇，盛于肃、代，成于德宗，极于昭宗。"玄宗时，高力士荣宠一时，《新唐书·高力士传》中就有这样的记载："四方奏请皆先省后进，小事即专决，虽洗沐未尝出，眠息殿帷中，微幸者愿一见如天人然。帝曰：'力士当上（即值班），我寝乃安。'""当是时，宇文融、李林甫、盖嘉运、韦坚、杨慎矜、王鉷、杨国忠、安禄山、安思顺、高仙芝等虽以才宠进，然皆厚结力士，故能踵至将相，自馀承风附会不可计，皆得所欲。……使还，所衰获，动巨万计，京师甲第池园、良田美产，占者什六，宠与力士略等，然悉藉力士左右轻重乃能然。帝或不名而呼将军，肃宗在东宫，兄事力士，它王、公主呼为翁，戚里诸家尊曰爹。"可见当时，高力士已在很大程度上代替皇帝处理政务、人事，成为了朝廷内外举足轻重的人物，故

而权贵一时趋之若鹜，王公贵族亦对其礼让三分。然而高力士虽为阉人，但先有助玄宗平叛太平公主之举，后有安史之乱玄宗退位后对其的不离不弃，即使在炙手可热之时，仍然可以谨言慎行，在朝廷之内素无恶名，甚至还有劝谏玄宗提防安禄山拥兵自重，婉谏玄宗不理朝政之举。但像高力士这样"顺而不谀，谏而不犯"的宦官毕竟是少数。而自玄宗起，委以重任的宦官却鱼龙混杂，人数庞大。肃宗时，设观军容使，专以宦官中的掌权者充任，作为监视出征将帅的最高军职，"戍卒不隶于守臣，守臣不总于元帅，至有一城之将，一旅之兵，各降中使监临，皆承别诏委任。"（司马光·《资治通鉴》）由是，宦官掌握了监军特权。到了德宗时，由于"建中之变"中文臣武将的屡屡背叛，更加之"泾师之变"出逃避难过程中内侍窦文场和霍仙鸣及其所率的百余名宦官的患难相随，德宗逐渐对文武不再信任，反而认为皇帝的近卫亲军交付朝廷官员不能使自己放心，而由宦官掌领则可高枕无忧。于是德宗开始将统领禁军的事宜交付窦文场和霍仙鸣等人，784年，宦官窦文场、霍仙鸣奉命监左右神策军。796年，二人分别被委职左右神策军护军中尉，从此宦官兼管禁军。藩镇将帅多从神策军出身，有些朝官也出入宦官门下。故而，宦官开始手握拥兵大权，朝臣武将，藩镇将领进而与宦官相互勾结，为唐后期宦官把持废立大权的局面开了先河。正因为如此，柳宗元等王叔文党人永贞革新才在革新运动再三涉及宦官问题，即要狠刹"五坊小儿"胡作非为之风，又要不惜代价夺取宦官手中兵权，然而，也正是因为触动了这些手中具有盘根错节，根深蒂固的权力神杖的宦官的利益，宦官们最终与宪宗发动宫廷政变，废掉了改革派最大的支柱唐顺宗李诵，直接导致了改革运动的夭折。

（三）为尊无能

中唐时期的朝政混乱，各方利益错综复杂。朝廷外有藩镇虎视眈眈，飞扬跋扈，战乱不断。内有宦官嫉贤妒能，贪财好利，祸乱朝纲。同时，世家巨族，几经积累，权倾一时，手握重权。他们相互攻讦形成众多矛盾复杂的利益集团，可谓牵一发而动全身，使朝中局面更加陷入僵局，新生势力举步维艰，备受排挤。朝廷之中，官员们或尸位素餐，消极自保，或欺上瞒下，以权谋私。国家机器腐朽不堪，人民苦不堪言。《资治通鉴》中记载着这样一个故事，或许可以让我们从中对当时的政局有一个更为形象的了解：

　　庚辰，上畋于新店，入民赵光奇家，问："百姓乐乎？"对曰："不乐。"上曰："今岁颇稔，何为不乐？"对曰："诏令不信。前云两税之外悉无他徭，今非税而诛求者殆过于税。后又云和籴，而实强取之，曾不识一钱。始云所籴粟麦纳于道次，今则遣致京西行营，动数百里，车摧马毙，破产不能支。愁苦如此，何乐之有！每有诏书优恤，徒空文耳！恐圣主深居九重，皆未知之也！"上命复其家。

这段话讲的是唐德宗贞元三年（公元787年）十二月的事，这一年，唐德宗于新店这个地方狩猎，玩乐之余，德宗信步走进了一户名为赵光奇的农民家中。当时的唐德宗即位刚刚一年，还颇有励精图治，中兴祖业的宏图热血，于是他在宰相杨炎的主持下，开始实行赋税改革推行了"两税法"：即国家按每户现有劳力

和资产，给定等级，一律出钱纳税，国家分夏秋两次征收，不再征收其它赋税，以改变各地军政长官巧设名目，杂税林立的局面。这时的唐德宗颇为志得意满，他满心以为，自己"大刀阔斧"的政治惠民举措可以一扫民生多艰，阶级矛盾尖锐的混乱局面，故而有此一问，其实不乏等待听到歌功颂德，感激涕零之词的意思。然而，历史就是这样的造化弄人，它安排了高高在上的唐德宗与处于底层的赵光奇之间这一次颇具戏剧性的偶遇，没有精心准备的洒扫庭除，也没有提前安排的作秀汇报，正是这些偶然因素的机缘巧合，使我们有幸看到了皇恩浩荡之下，现实民生最为真实的一面。

"百姓快乐吗？"德宗问。

"不快乐。"赵光奇干脆的回答。

德宗很奇怪："今年收成这样好，为什么还会不快乐呢？"

于是德宗听到了老百姓最真实的心声：皇帝的诏令没有信用可言。明明说着两税之外就没有其他的赋税和徭役了，然而事实却是，虽然没有了赋税，但是朝廷通过其它各种手段从百姓手中索取的程度甚至超过了以前的两税。后来又实行和籴（收购粮食），但名为和籴，实际上却是巧取豪夺，百姓连一文钱都见不到。开始的时候，说是百姓只要在道路边就可以完成收购，而现在却要求百姓自己把粮食运至京西行营，动辄数百里的路程，致使车坏牛死，家家破产犹不能完成和籴的任务。生活如此愁苦，百姓哪有什么快乐可言！其实，每次那些所谓的优恤百姓的诏令，对百姓而言只是一纸空文！皇上身居内宫，哪里会了解到这些情况！

这本是一个绝好的反躬自省的机会，唐德宗本来应该想到这种现象产生的症结根本，他应该看到朝廷贪污腐化现象泛滥猖獗，官员们官官相护，结党营私，以至于欺上瞒下，一手遮天；他应

该看到，官员们以权谋私，尸位素餐，中央领导集权名存实亡，政策的执行力度远远不够，新政并未真正予以落实；他更应该看到人君的恩泽不能惠及百姓，百姓的冤情不能上达，那些所谓朝廷大员，治世能臣们不过阿谀奉承之徒，那些所谓国泰民安，五谷丰登之云云不过是粉饰太平，水月镜花。然而他似乎什么也没有看到，没有具体问责调查，没有吏治人事整顿治理，他只是默默听完，命令免除了赵光奇家的赋税和徭役。

"以四海之广，兆民之众，又安得人人自言于天子而户户复（免除）其徭赋乎！"对此，司马光不无感慨的如是评论到。覆巢之下，安有完卵，仅仅免除一家的赋税实在是杯水车薪，治标不治本之举，需知在赵光奇一家的背后，是千千万万个和他一样的挣扎于生计线上的劳苦大众。没有一个清明向上的政治环境，没有一个国富兵强的国力依托，他们就不可能免于赋税徭役，横征暴敛之苦，就不可能真正的实现安居乐业，休养生息。而正如一手创造了贞观之治这一政治神话的李唐王朝的开创者李世民所说："民，水也；君，舟也。水能载舟，亦能覆舟。"民生举步维艰的现象之下，必是种种社会不稳定因素的暗潮汹涌，蓄势待发。

或许有人说，唐德宗这样做的原因是资质平庸，政治敏感度实在有限，意识不到这场对话背后所隐含的重重统治问题所在。然而，从这位颇具争议的君主为政初期的种种表现来看，德宗即位之初，也是颇有励精图治雄心与果敢有为之行的。笔者认为，身历了安史之乱，自小饱经了家国战乱之痛的德宗应该有着对现实政治更为深刻清醒的认识。他的不作为，在为政之初，更多不是因治国能力有限，而是朝廷政治局面复杂，积重难返，处处掣肘，难于立竿见影所致，当时朝廷吏治的混乱程度，由此也可见

一斑。

然而，屋漏偏逢连夜雨，随着种种积症的不断加深，加之"建中之乱"（见藩镇割据一节）的打击，德宗，这个庞大帝国的统治者，竟也渐渐消磨了初期时的改革锐气与政治热情，放弃了自己的报复与信念，转而与朝中诸臣一样，以权谋私，得过且过。这雪上加霜的打击对已是千疮百孔的唐王朝来说无疑是一场噩梦。在封建君主治时代，皇帝一言九鼎，不仅是国家权力形式上的象征代表，更加具有君权神杖所赋予的绝对权威。不管他是愚是蠢，是奸是恶，只要有皇帝的桂冠一天，他一人的决策与意志就往往直接决定了国家政治的走向，而他的才能高低品行优劣更是在某种程度上影响了整个王朝的命运。唐德宗初期也曾励精图治，史载"德宗皇帝初总万机，励精治道。思政若渴，视民如伤。凝旒延纳于谠言，侧席思求于多士。"正因为如此王朝一度出现中兴气象。而唐德宗的蜕变，则又迅速让整个国家的政治更加陷入了万劫不复的境地。正如前文所述，由于他对宦官的宠信优待，使得宦官掌握神策禁军和担任监军成为制度，宦官专政之祸由是病入膏肓。他对藩镇的姑息放任进一步加深了藩镇割据的政治局面，使得中央集权在实际上名存实亡。然而，他对这个王朝的消极影响还远远不止这些。正所谓"汉高禀大度故其时多魁杰不羁之才，汉宣精吏能故其时萃循良核实之能"（《陆宣公翰苑集》），皇帝是朝中人事任免的最大掌权者，他的喜好直接决定了国家人事安排，皇帝提供大臣施展才华的政治舞台，大臣反过来给皇帝治理万里江山，二者相辅相成，没有明君则贤臣亦很难成就。唐德宗即位初期也曾颇为知人善任，他起初对宦官较为的"疏斥"而更加委重朝中文武，先后启用过诸多名臣，其中最有名气的，莫过于陆

赞，这一点在后文还将继续讲到。可是随着"建中之变"中朝廷文武的屡屡背叛，德宗变为对大臣的极为猜忌，敏感多疑，这一点几乎人尽皆知，故而当太子李诵想要向其直言朝中弊政，以便能够加以改正的时候，王叔文才坚决表示了反对。太子尚且如此，朝中其他诸臣更是一派"万马齐喑"的噤若寒蝉之态。久而久之，德宗更加形成了拒谏饰非、刚愎自用的性格：他在谈及泾原兵变后长安沦陷，国难深重局面时，把责任统统推给"天命"，直言"此亦天命非由人事"，颇有项羽当年"天亡我也，非战之过也"这种不思悔改，怨天尤人之意。在"建安之乱"未平之际，他首先想到的竟然是找回自己在战乱中失散的嫔妃，任谁百般劝谏也拦他不住。更有甚者，当患难过去以后，唐德宗越发难以忍受耿介之臣的直言敢谏，相反相继宠信了裴延龄、卢杞等一批善于钻营逢上，剥下附上的奸佞小人，且深信不疑。据载裴延龄死后，中外相贺，独德宗嗟惜不止。除此之外，他的个人生活态度也发生了翻天覆地的巨变，德宗即位初期崇尚节俭，奉行"节用爱人"的儒家仁政思想，据《旧唐书》记载："其始也，去无名之费，罢不急之官；出永巷之嫔嫱，放文单之驯象；减太官之膳，诫服玩之奢；解鹰犬而放伶伦，止榷酤而绝贡奉。"德宗禁止各地进献，精简朝中人员编制，更从自身做起，勤俭为政，不仅释放宫婢伶人，节约服器饮食，更为表决心，以防玩物丧志，"放文单之驯象"（今老挝所献32头舞象，当时被视为奇珍异兽）"解鹰犬"（专门供应皇帝狩猎之用）革除了许多长期以来宫廷遗留的奢侈玩乐项目，使朝廷一度出现了清明气象。可惜好景不长，自从因朱泚事变出逃奉天以后，他似乎意识到钱财的重要性，也开始改变了态度，贪婪无度，大肆以进贡的方式从各地横征暴敛，

竟成定例。这位皇帝后来甚至对自己聚敛无度,公然受贿的行为不以为耻反以为荣,反过来告诉自己清廉自持的宰相陆贽受点贿也没什么大不了的,正所谓"卿清慎太过,诸道馈遗,一皆拒绝,恐事情不通,如鞭靴之类,受亦无伤。"(《资治通鉴》),如此为政之道,真令人啼笑皆非。近年来,曾有史学家认为德宗贞元年间热衷进奉的主要原因是为了将地方上的两税羡余收归中央,增加中央的财力储备,使内库逐步拥有国库的后备机能,以应对突发事件。但事实上,早在建安之乱逃难之初,德宗贪婪敛财之弊就已见端倪,且从其后期为政种种举措来看,其所搜刮来的财务并未取之于民而用之于民,大部分也被用于了自身的个人享受,贞元之后受纳物中奢侈品逐渐增多,已不仅仅是财政储备的一种后备方式,而成为奢侈浪费的源头活水。况且以进献这一方式来聚集国家财富的后果是十分严重的,它不仅进奉助长了宦官的势力,促进了宦官势力的膨胀。更导致了上行下效的恶性连锁反应——官员们一方面拼命搜刮民脂民膏以满足皇帝私欲,另一方面各级官员间贪污受贿之风也骤然盛行,而这些负担都以各种方式被强加于平民百姓的头上,人民的生活更加苦不堪言,而这无疑是社稷不稳的前兆。欲有中兴,改革维新,势在必行!

综上,柳宗元所处的正是"安史之乱"初被平定,李唐王朝各种社会矛盾急剧发展的特殊时期。从藩镇割据的战火不断到宦官专政的一手遮天,中央政权千疮百孔,风雨飘摇。从文武百官的蝇营狗苟到一国之君的醉生梦死,当时的唐朝政局就是为尊者昏庸无能,得过且过。只不过由于时日尚短,各种积疾尚未病入膏肓,且大唐盛世百年积蓄的家业余威尚在,因而颓势之下,一

时还不至摧枯拉朽。社会上，不甘心国家就此沉沦的心理还属于社会的主流价值观，广大劳动人民挥汗国土，开垦荒地，有识之士痛定思痛，修水利，赈饥馑，调整赋税制度，在他们的努力下国家经济也在安史之乱后有所复苏。此外，更有众多士大夫们看到了朝廷的症结所在，他们先后奔走于朝野呼吁着维新改革，千方百计寻觅中兴之道。就是在这样的时代背景之下，柳宗元成长起来，并开始了他的仕途生涯。

二、名门之后

家庭的教育是育人的起点和基点。除去社会的大环境，柳氏一族的百年家风，父母先人的立身处世之道，家庭成员的秉性、层次及社会交往圈也都在很大程度上影响了柳宗元日后的价值观念和人生选择。

（一）河东望族

柳宗元的祖籍在今山西省永济市虞乡镇。他在为叔父所作的《故殿中侍御史柳公墓表》中，曾明言他的家族"邑居于虞乡"，但同时，柳宗元又自称是"河东解人"，他在《杨氏子承之哀辞》，也自称是"解人"，在《送独孤申叔侍亲往河东序》又写到"河东，古吾土也"。故而后人在认定柳宗元祖籍的问题上，便存在着两种不同的看法。不过，据近些年柳学研究者研究表明，柳宗元在文章中自言"河东解人"和"邑居于虞乡"是统一的。他们认为"解"是指汉晋时的"大解县"，并非唐时的"小解县"，而"大解县"为古蒲州所辖，蒲州在秦朝以后又隶属河东郡。并举出《旧唐书》卷七七《柳亨传》谓亨"蒲州解人"的记载来说明唐时

柳宗元的五世祖柳亨已在隶属蒲州的解县居住。又有《柳宗元集》百家注本"邑居于虞乡"句下注引宋人孙汝所注曰："虞乡，县名，属蒲州。"及《元和郡县志》卷十二云："虞乡县（原注：西至府（河东）七十里）本汉解县地。"又："解县（原注：西北至府四十五里）本汉旧县也，属河东郡。……武德元年改虞乡县为解县，属虞州，因汉旧名也。"等来证明"解县"和"虞乡县"实为一地。故而，在柳宗元的祖籍问题上学者们的认识基本上可以达到统一，后人们也根据柳宗元的祖籍而习惯性的把他称之为"河东柳宗元"，把他的著作称之为《柳河东集》或《河东先生集》。

柳宗元出身名门望族，这一点在柳宗元的文集中多次被自豪而惋惜的谈到。如："人咸言吾宗宜硕大，有积德焉。在高宗时，并居尚书省二十二人。遭诸武，以故衰耗。武氏败，犹不能兴。为尚书吏者，间十数岁乃一人。永贞年，吾与族兄登并为礼部属。吾黜，而季父公绰更为刑部郎，则加稠焉。又观宗中为文雅者，炳炳然以十数，仁义固其素也，意者其复兴乎？"（《送澥序》）又"柳氏之先，自黄帝历周、鲁，其著者无骇，以字为展氏，禽氏以食菜为柳姓。厥后昌大，世家河东……"（《故叔父殿中侍御史府君墓版文》）等等。根据柳宗元自己的说法，学界往往推尊展禽（柳下惠）为柳氏始祖。据《元和姓纂》卷七记载："展禽为鲁士师，谥曰惠，食采于柳下，遂姓柳氏……柳氏鲁灭仕楚，秦并天下，柳氏遂迁河东。"又"河东解县"条："秦末有柳安，（柳下）惠裔孙也，始居解县。"在南北朝时期，柳宗元的祖先——河东柳氏，是我国北方一支势力很强盛的门阀士族，与柳、薛、裴三姓被并称为"河东三著姓"，其家族仕宦史在当时可以说是相当显赫的，柳氏名留青史，稗官封侯者屡见不鲜，正所谓"柳族之

分，在北为高。充于史氏，世相重侯"。（《故大理评事柳君墓志》），虽然世族统治到了唐代已随着隋末农民起义的打击而逐渐衰落，但是柳氏故里又恰恰与唐王朝的建立者大贵族李渊、李世民同处一地，是所谓"关陇集团"的重要一员，也是李唐王朝建国时所依靠的重要社会势力之一。故而隋唐时期，柳氏家族仍然显赫一时，"自庆（指柳庆，柳宗元世祖）以下四世为相封侯"（《故大理评事柳君墓志》），柳宗元在《先侍御史府君神道表》中曾不厌其烦的骄傲写到："六代祖讳庆，后魏侍中平齐公。五代祖讳旦，周中书侍郎济阴公。高祖讳楷，隋刺济、房、兰、廓四州。曾伯祖讳奭，字子燕，唐中书令。曾祖讳子夏，徐州长史。祖讳从裕，沧州清池令。"（《先侍御史府君神道表》）柳庆是柳僧习的少子，他从郎官做起，后渐渐被提拔为雍州别驾，兼任京兆尹，直至官封济阴公。《周书·列传第十四》中有其专门的传记加以记载。这位曾被柳宗元热情洋溢的赞扬过的四世祖确有其过人之处。据史料记载，柳庆"幼聪敏，有器重。博涉群书，不治章句。"传说他13岁时，父亲柳僧习看他酷爱读书，想试试他的记忆力，便从杂赋集中挑选约千余字的一篇赋要他读。柳庆当即读了三遍，便一字不漏地背诵下来，一时传为美谈。更为可贵的是，除了天资的聪慧过人，刘庆还有着乱世之中少有的耿介与廉洁。当"神童"刘庆步入仕途，他先是秉公执法严惩了魏国皇室的亲族广陵王元欣危害一方，飞扬跋扈的外甥孟某，而后又以其缜密的思维过人的机智成功的判定了很多扑朔迷离的案件（见宋·郑克《折狱龟鉴》）。面对代理国政的权贵晋公宇文护的拉拢，柳庆坚决推辞。面对西魏文帝怨杀下臣王茂，朝臣明知王茂无罪，却无人敢言，独柳庆谏争道："王茂无罪，奈何杀之！"即便文帝大怒，

厉声对柳庆悦："王茂当死，卿若明其无罪，亦须坐之。"柳庆也毫不畏惧，抗争道："窃闻君有不达者为不明，臣有不争者为不忠。庆谨竭愚诚，实不敢爱死，但惧公为不明之君耳。愿深察之。"最终为他的刚正不阿所折服，认识到了自己行为的不当，并册封柳镇为平南将军。小冢宰杨宽曾与柳庆有私怨，他见柳庆从郎官当起，直到司会，其职务一直是掌管府库仓储，故而推测柳镇一定会从中捞取好处，贪污受贿，并想借此扳倒柳庆。于是囚禁柳庆从前的吏员，严刑拷问六十多天，逼迫他们诬告柳庆，有的吏员甚至死于狱中，但却始终没有人妥协诬告。杨宽不甘心，又派人四处搜查其财产，却只在府库中找到剩余的几匹彩色丝织品，于是"时人服其廉慎"。柳氏人才辈出，高官厚禄者不在少数，但柳宗元却独对这位四世祖颇为引以为豪，提及再三，可见柳庆刚正耿直，为官清廉的高尚品格对柳宗元的影响颇为深远。事实上，刘庆身上所体现的，也正是柳氏一门忠烈所代代传承的百年家风。

　　然而，正所谓月满则亏，水满则溢，正因为柳氏的显赫地位，使得初唐时期这个士族的成员多与皇室结为姻亲，然而这也是柳氏家道中落的潜在因素。正如柳宗元在所作《送濬序》中所追溯"人咸言吾宗宜硕大，有积德焉。在高宗朝，并居尚书省二十二人。遭诸武，以故衰耗。武氏败，犹不能兴。为尚书吏者，间十数岁乃一人"，柳宗元的高伯祖柳奭，是唐高宗王皇后的舅舅，永徽二年（651年），柳奭因是外戚，被任命为中书侍郎，同中书门下三品，成为宰相。然而，柳氏这鲜花着锦，烈火油烹之盛势好景不长，巅峰之后是急转直下的命运。永徽五年（654年），王皇后失宠，高宗宠爱武昭仪，柳奭和他的姐姐魏国夫人柳氏（王皇后母亲）也不被后宫礼遇。永徽六年（655年），王皇后和魏国夫

人柳氏行巫蛊之术以求皇帝再次宠爱皇后，受到武昭仪的指控。高宗禁止柳氏入宫，将柳奭贬出长安，为遂州（今四川遂宁）刺史。不久王皇后和萧淑妃就被武后杀死，显庆四年（659年），武后指使许敬宗诬告长孙无忌、褚遂良、柳奭、韩瑗四人谋反，柳奭的罪名是买通宫人，企图毒害皇帝。长孙无忌流放（后被逼自杀），褚遂良已死夺官爵，柳奭、韩瑗处死。同年秋，柳奭在象州被处死，家族流放岭南，亲属在桂州（今广西桂林）为奴婢。自此之后，柳氏家族受到了巨大的政治打击，虽然后来随着武则天的离世大唐江山重回李家之手，当年因武氏获罪的官员也多有平反，但是，柳氏家族却再难恢复之前的辉煌态势，由昔日的皇亲国戚沦为一般的士族。到了柳宗元的曾祖父和祖父辈，只能屈居于县令一类的小官。昔日高贵的家庭出身与现今没落的家族现状使柳宗元不乏士族名门的傲骨与教养，同时又充满了对现状的惋惜遗憾以及对祖先"德风"与"功业"的向往。重振"吾宗"的愿望和光宗耀祖的热情在他的胸中时时激荡，所谓"宗门期君而光大，姻党仰公而振耀"（《故叔父殿中侍御史府君墓版文》）这本是柳宗元赞美其叔父的话，但此语用在作为"以童子，有奇名于贞元初"（《河东先生集序》刘禹锡）的柳氏后起之秀柳宗元身上也未尝不可，族人光耀门楣的殷殷期望在柳宗元身上恐怕比其叔父更甚，而在柳宗元的意识中也一直以此为自己责无旁贷的职责所在。这也是他后来不甘于蝇营狗苟独善其身而积极投身于政治改革，功名追求中的一个不可忽视的内在动因。虽然没有了特权贵族阶层所专享的食邑与门荫，但是祖先们却馈赠给后人以柳庆为代表的耿直廉洁、与民谋福的优良家风与经世致用，博大精深的家学传统，这无疑是最为珍贵无价的精神财富，柳宗元就曾

骄傲的盛赞其淳厚正直的家风为"世德廉孝，飏于河浒"。这一点在柳宗元的父亲柳镇身上表现也很明显，又以言传身教的形式在潜移默化之中深深的影响了柳宗元。

（二）父刚且直

柳宗元的祖父名为柳察躬，做过二任湖州德清令，后来便一直退居在江苏吴县。察躬生子柳镇、柳纁、柳缮、柳综、柳续。其中柳镇便是柳宗元的父亲。和柳宗元的四个叔父一样，柳镇也一生为仕途所奔忙，然而终是怀才不遇，仕途不畅，始终沦于下僚，一生所任最高官职仅为殿中侍御史（从七品上）。然而尽管如此，柳镇对柳宗元的影响却是是十分巨大的，在柳宗元的眼中，父亲柳镇忠勇廉孝，博学儒雅是他一生的骄傲与楷模。其在《先侍御史府君神道表》中柳宗元曾对其父亲的嘉言懿行有过十分动情与具体的记录描绘。

柳镇对柳宗元的影响首先得益于其深厚的学养及广泛的交友。他"得《诗》之群，《书》之政，《易》之直方大，《春秋》之惩劝。以植于内而文于外，垂声当时。天宝末，经术高第（指以明经出仕)"（《段九秀才处见亡友吕衡州手迹》），不仅敏而好学，而且安贫乐道，故而能通今博古，善诗能文，出入经史百家，徜徉藻绘之府。加之其慷慨友善的为人，和垂声当时的文名，在他的周围，围绕着中唐众多一流文人。多年后，柳宗元对父辈与这些文人雅士的交流唱和依然记忆犹新，并洋洋洒洒写下了《先君石表阴先友记》这篇文章——对其友人加以介绍，其人数达六十七人之多，其中不乏李益、韩会、梁肃等著名文人和政界要人，足见其父交往的广度与层次。柳宗元在这样的家庭熏陶中成长，

其文采风流，博闻强识自是其父循循善诱的结果。

柳镇对柳宗元的影响更加在于他廉孝刚正的为官为人之道和行仁义、怀天下的政治主张。对待家人，柳镇仁孝无私，安史之乱时，柳族举族避难于吴地，贫乱之际无以为食，柳镇独自乘驴外出，希望"求仁者，冀以给食"以奉养母亲。经山中恰遇洪水，他却依然冒死以行，面而无愠容。其孝行感动乡里"观者哀悼而致礼加焉"。吏部曾欲加封其太常博士一职，但柳镇因放心不下在吴地的"尊老孤弱"而再三推辞，甘愿留在吴地做一个小小的宣城令；对待朝廷，柳镇可谓"先天下之忧而忧"，"安史之乱"中柳镇痛定思痛，苦苦寻求中兴之道，再三求索后认为农业和教育为兴邦之本，故而安史之乱刚刚平定，他就上书朝廷作《三老五更议》、《籍田书》，以"兴太学"，"劝耦耕"。"建中之乱"夏口之战告捷，柳镇心潮澎湃，挥笔而就《夏口破房颂》，喜悦之情溢于言表。在乱世官场中，柳镇是少有的耿直廉洁之臣。他虽然官职不高，但是却为人正直，嫉恶如仇，敢于忤逆权贵，为民做主。在晋州做录事参军时，郡守为人粗狂彪悍，酣嗜杀戮，飞扬跋扈无人敢与之抗衡，柳镇却不忍看无辜者被郡守打死，常常据理力争，甚至以身体为之抵挡答箠，郡守暴跳如雷，掀翻桌子，折断坐席，却仍然不能让柳镇屈服。贞元四年，陕虢观察使卢岳去世，其妾有子，按理应分得一部分遗产，然而岳妻仗着朝中权贵御史中丞卢佋与宰相窦参的庇护，欲独吞财产，故而其妾诉之。在柳镇之前，侍御史穆赞已经因为在审案中拒绝了卢佋"欲重妾罪"的无理要求而被捏造罪名，逮捕入狱，在这种情势下，柳镇作为刚刚升任的御史，仍然逆流而上，秉公办理，为卢妾争得了应得权力并平反了穆赞的冤案。为官如此，难怪会使"吏人怀思，

立石颂德"（《先侍御史君府神策表》）一年以后，因卢氏财产案得罪权臣窦参的柳镇被寻了个由头贬往偏远的夔州（今四川奉节）任司马，此时十六岁的柳宗元已经长大成人，可以明辨其中是非曲直。他为父亲的品行节操深深折服感动，却又为父亲的无辜受贬愤愤不平。此去经年，前路未卜，父子自是感慨万千，直送到长安城外百里的蓝田县城，年逾半百的柳镇面对少年宗元的依依惜别，万般不舍却倔强的说到"吾目无涕"，此时此刻他仍不悔自己的抉择，虽然含冤受屈却不肯掉泪示弱。而这位倔强的老人却在贞元八年，因窦参获罪而得以平反重任御史之时，面对朝廷"守正为心，疾恶不惧"的盖棺定论，手捧诏书，老泪纵横。这是平反昭雪的喜极而泣更是信念得到肯定的感慨万千。这样的柳镇在朝廷中清名远播，连皇帝都为其折服。贞元九年，宗元得进士第。适逢德宗询问有司有无朝中官员之子通过不正当手段夺取功名的，当他得知新科进士柳宗元是柳镇之子时，不无感慨的说到："（柳镇）不就是那个曾经对抗奸臣窦参的人吗？这样的人是不会为自己的儿子行贿受贿，求取功名的。"

多年以后，当柳宗元意气风发居于庙堂之高，当柳宗元宦海沉浮处于江湖之远，他那重民轻身，耿直倔强的身影背后俨然可见其父柳镇当年的遗风。

（三）母慈姊善

柳宗元的母亲卢氏是一位知书达理，德淑行懿的贤妻良母。柳宗元在母亲去世后，特做《先太夫人河东君归祔志云》一文，对母亲的卢氏的一生做了多方面的描述，我们或许可以从柳宗元朴素流畅的行文中依稀看到卢氏生前的音容笑貌，点点琐事，并

从中窥见这位伟大的母亲对柳宗元一生的影响与支持。

　　　　文曰："……尝逮事伯舅，闻其称太夫人之行以教
　　曰："汝宜知之，七岁通《毛诗》及刘氏《列女传》，斟
　　酌而行，不坠其旨。汝宗大家也，既事舅姑，周睦姻族，
　　柳氏之孝仁益闻。岁恶少食，不自足而饱孤幼，是良难
　　也。"

　　　　　　　　　　——《先太夫人河东县太君归祔志》

　　柳宗元的母亲卢氏亦为名门之后，她出身范阳卢氏，正所谓
"望出范阳，北州冠族"，卢氏一族乃官宦世家，书香门第，早在
东汉便有"士之楷模，国之桢榦"的知名大儒卢植，至唐代更是
人才辈出，"初唐四杰"之卢照邻，"大历十才子"之卢纶皆系
出卢门，其门家学渊博，门风淳厚可见一斑。卢氏在这样的家庭
中成长，故而蕙质兰心，才情出众，正如其舅伯所言，卢氏七岁
已通读《毛诗》《列女传》等传统经典，而据后世学者考证，其
对旧史、诸子、诗、礼、古赋等亦颇有造诣，算得上是博学宏览
了。极高的文化底蕴修养决定了卢氏端庄贤淑的品行，她为人低
调严谨，凡事三思后行，在与人为善中保持着自己独立的信仰和
原则。她是柳镇的贤妻，恭侍公婆，和睦姑伯，得到柳氏一门众
多族人的交口称赞，她的嘉言懿行亦成就了丈夫柳镇的仁孝之名。
同时，她又是子女们的慈母，在"建中之乱"中那段兵荒马乱，
颠沛流离的日子中，宁可自己忍饥挨饿却要生生省下口粮来哺育
孩子们，这着实是十分不易的。

　　又有："又尝侍先君，有闻如舅氏之谓，且曰：
"吾所读旧史及诸子书，夫人闻而尽知之无遗者。"某始
四岁，居京城西田庐中，先君在吴，家无书，太夫人教
古赋十四首，皆讽传之。"

　　　　　　　　　　　——《先太夫人河东县太君归祔志》

　　可见，在丈夫柳镇的心目中，妻子卢氏的形象一如她在其兄
弟眼中一样的温柔敦厚，而柳镇对卢氏渊博的学识尤表敬佩，夫
妻二人可谓举案齐眉，相敬如宾，柳镇已是以文名垂于当时的饱
学之士，而他所读的，旁及经史子集的广泛著作，夫人卢氏竟然
都能"闻而尽知之无遗"，可见其博闻强识，无书不通。也正是这
样深厚的学养，使卢氏很好的完成了对子女的教育，在那段举家
避难，无书可本的动乱时期，卢氏以口耳相传的方式，在仅仅一
年的时间中就教授了年仅四岁的柳宗元通读诵记古代词赋十四篇
之多，一时传为美谈。并"以诗、礼、图史及剪制缕结授诸女"
使其"及长，皆为名妇"。父母的伉俪情深，互敬互慕决定了柳宗
元日后仁爱、宽厚的性格，而母亲的文学启蒙，谆谆善诱亦较好
的开发了他的智力，培养了他的兴趣，为其日后的学术之路奠定
了坚实的基础。在柳宗元的一生中，母亲的爱护教育不仅是他少
年时代的"良师"，母亲的不离不弃更是他含冤被贬，身心俱创之
时的精神归宿，永贞元年（805 年），柳宗元从命运的巅峰猝然跌
落谷底，新政的流产不仅断送了他的梦想与前途，更使得他就此
含冤受屈，贬谪于偏远瘴疠之地——永州。他黯然离去的身影背
后是"群言沸腾，神鬼交怒"（《寄许孟容书》）的一片诽谤污蔑
之声。而这时，同行陪伴的仍是他六十七岁高龄的老母亲卢氏，

由于时代和观念的局限，老人或许对柳宗元的所作所为并不能完全赞同，不无责备的说他"汝唯不恭宪度，既获戾矣，今将大傲于后，以盖前恶，敬惧而已。苟能是，吾何恨哉！"，然而细品其语，这其中似乎更多的是对儿子的理解，她相信儿子的信仰与追求，"获戾"之因绝非徇私舞弊，争权牟利，而仅仅是"不恭宪度"，即对程式传统的挑战所致。她殷殷嘱咐柳宗元日后低调保身，务必持"敬惧"之态，如果真能如此，那么即便身处穷山恶水，亦无怨无悔。同时卢氏深知柳宗元为人仁孝为先，担心儿子心生愧疚，故而她还不忘反复安慰到"明者不悼往事，吾未尝有戚戚也。"慈母之心，昭然可见。然而如此慈母终因在永州水土不服，且车马劳顿惊惧过度，在抵达永州仅仅一年之后，便一病不起，然而永州地处偏远，医疗落后，"诊视无所问，药石无所求"，卢氏不久便撒手人寰，第二年，其灵柩归葬京兆府万年县柳宗元先父之墓，柳宗元因戴罪之身不能前往，悲痛欲绝的，痛不欲生，自责不已用他自己的话说真可谓"穷天下之声，无以舒其哀矣。尽天下之辞，无以传其酷矣"，并称自己"宗元不谨先君之教，以陷大祸，幸而缓于死。既不克成先君之宠赠，又无以宁太夫人之饮食，天殛荐酷，名在刑书。不得手开元堂以奉安，罪恶益大，世无所容"。然而，卢氏还是离去了，她最终用自己的生命，完成了对母爱最高也是最后的诠释。

柳宗元并无兄弟，家中除他之外还有两位姐姐。姐弟间的关系十分融洽和睦，感情很深，故而多年后，当天不假年，他的两位姐姐相继离开人世时，柳宗元悲痛欲绝，姐姐们在世时的种种往事于他的脑海中挥之不去，在文章中常常有所提，并动情的加以缅怀。正如柳宗元在《先侍御史府君神道表》所说，太夫人

"用柔明勤俭以行其志，用图史箴诫以施其教，故二女之归他姓，咸为表式"，母亲的言传身教，以身作则对两位姐姐影响很大，她们都很好的继承了母亲贞顺贤淑的妇德，大姐"自能言，而未尝误举其讳。与其类戏于家，游弄之具，未尝有争"（《亡姊崔氏夫人墓志盖石文》，二姐亦"人与仁孝偕生，以礼顺偕长，始于家，纯如也；终于夫族，穆如也。其为子道也，孝以和，恭以惠，取与承顺，必称所欲"。（《亡姊前京兆府参军裴君夫人墓志》）这无疑是卢氏"先君之仕也，伯母叔母姊妹子侄皆远在数千里之外，必奉迎以来。太夫人之承之也：尊己者，敬之如臣事君；下己者，慈之如母畜子；敌己者，友之如兄弟。无不得志者也。诸姑之有归，必废寝食，礼既备，尝有劳疾。先君将改葬王父母，太夫人泣以莅事。事既具，而大故及焉，不得成礼"之嘉言懿行的发扬与延伸。柳宗元还在《亡姊崔氏夫人墓志盖石文》有这样一段记载："先公自鄂如京师，其时事会世难，告教罕至，夫人忧劳逾月，默泣不食，又惧贻太夫人之忧虑，绐以疾告，书至而愈，人乃知之。"这说的是建安之乱中大姐身上发生的一件小事，建安乱中，时任鄂、岳、沔三洲防御使李兼幕僚的柳镇，曾经沦陷地，由夏口至长安，由于战乱长时间音信全无。大姐一边协助母亲分担主持家务的重任，一边默默为生死未卜的父亲深深忧虑，却怕母亲知道担心自己，因而一个人默默承受，暗自"默泣不食"，大姐生前的这件感人至深的小事多年后仍让柳宗元感慨万千，记忆犹新，一家人的相亲相爱，深切关心，由此可见。

在这样的家庭中，柳氏世代所具有的闻名家乡的廉孝好学的美德，自然如春风化雨，深入柳宗元一生的人格观念之中。他常

怀"孝子之心"，并由己及人，发展为日后仁厚爱民的思想。在《送从弟谋归江陵序》中，他说："凡士人居家孝悌恭俭，为吏只肃。出则信，入则厚。足其家，不以非道；进其身，不以苟得。时退则退，尊老无井臼之劳。和安而益寿，兄弟衎衎以相友。不谋食而食给，不谋道而道显。"（意即：凡是信义之人，在家住着就讲求孝顺和睦、谦恭节俭，在外做官就要严肃谨慎。对外讲信用，对内要淳厚。使家庭富足，但不是通过不正当手段获得；使自己进取，实现自我的价值，也不是通过卑劣的方式取得。该退隐的时候就退隐，尊敬老人，不让他们有点点的辛劳。和睦安宁保养自身，兄弟和睦，友好相待。不特意去谋取生计，而生计自然有供给，不特意去追求道德，而道德自然生成，一切顺其自然），主张廉正节俭的治家理念、孝顺和睦的家庭氛围和自省自律的居家、为人之道；他博闻强识，为人刚正，直言敢谏，韩愈称其"俊杰廉悍，议论证据今古，出入经史百子，踔厉风发，率常屈其座人。"（《柳子厚墓志铭》)，刘禹锡赞他"其词甚约，而味渊然以长，气为干，文为支。跨踔古今，鼓行乘空。附离不以凿枘，咀嚼不有文字。端而曼，苦而腴。佶然以生，癯然以清。"（《答柳子厚》）；他胸怀天下，心系黎民，无论居于庙堂之高，或是处于江湖之远，始终坚持着自己的信念操守，即使"仕虽未达"亦"无忘记生人之患"（《答周君巢饵药久寿书》），一生"勤勤勉励，唯以中正信义为志，以兴尧、舜、孔子之道，利安元元为务"（《寄许京兆孟容书》）。这就是柳宗元，柳氏家族的杰出后辈，曾经，这个家族以它的学养与家风影响了他，而他则在以后的若干年后，成为了这个家族不朽的骄傲。

第二章：少时陈力希公侯，许国不复为身谋
——柳宗元的长安仕途

一、少精敏，无不通达

柳宗元，（773 年—819 年），字子厚，祖籍蒲州解县城（今山西省永济市虞乡镇），唐代宗大历八年（733 年），出生在长安。正如他在《送独孤中叔侍亲往河东序》所说"河东，古吾土也，家世迁徙，莫能就绪"，在他的一生中，从未回到过故乡河东。柳宗元的幼年时期，大部分在长安度过，那时，他的父亲柳镇在外任职，他与母亲和姊妹居住在长安城西的柳氏家宅中，基本上由母亲完成了最初的启蒙教育后便在"乡间家塾，考厉志业"。事实上，按柳氏当时的社会地位来看，柳宗元是有资格进入太学的。这一点，他也在《与太学诸生喜诣阙留阳城司业书》有所提及："始仆少时，尝有意游太学，受师说，以植志持身焉。受师说，以植志持身焉。当时说者咸曰：太学生聚为朋曹，侮老慢贤，有堕窳败业，而利口食者；有崇饰恶言，而肆斗讼者；有凌傲长上，而谇骂有司者；其退然自克，特殊于众人者无几耳。仆闻之，恂骇怛悸，良痛其游圣人之门，而众为是嗒嗒也。遂退托乡间家塾，

考厉志业，过太学之门而不敢跼顾，尚何能仰视其学徒者哉！"唐代官学，由于都收的是官宦子弟，故而难免有飞鹰走狗不务正业的纨绔子弟滥竽充数于其中，加之其大多家世显赫，故而更加飞扬跋扈，有恃无恐，《旧唐书·良吏·阳峤传》就曾记载阳峤在做国子祭酒（掌管教育的学官，相当现在的教育部长。）时，为了整饬学纪，而遭学生怨恨，他们不仅喧闹诽谤他，甚至乘夜晚聚众在京城街上明目张胆的殴打阳峤。太学学风之松弛，风纪之败坏，可见一般，也正是因为如此，柳宗元最终选择"遂退托乡闾家塾"。建中四年（783 年），泾原兵变，朝廷逃出奉天，柳宗元也为避祸而至父亲任职的夏口。在这里，他度过了一段的战乱生活，《资治通鉴》卷二百二十九·兴元元年正月曾有这样的记载："李希烈以夏口上流要地，使其骁将董侍募死士七千袭鄂州。刺史李兼偃旗卧鼓，闭门以待之。侍撤屋材以焚门，兼帅士卒出城，大破之。上以兼为鄂岳沔都团练使。"可见夏口之战之残酷与激烈，动乱的时代给了柳宗元书本以外的深刻的人生体验和思想冲击，为其日后坚决的反对分裂维护国家统一的政治主张打下了最初的情感基础。在以后的几年中，柳宗元开始随频繁调职的父亲宦游于南方，先后到过湖北、湖南、江西等地，父亲的博学广知给予了他学术上的很大指导，同时广泛丰富的社会生活实际更是开阔了柳宗元的眼界。这些都使得年少的柳宗元迅速的成长起来，具有惊人的早慧。后来柳宗元曾在文章中对这段年少岁月有所回忆，如《虞鸣鹤诔》："惟昔夏口，羁贯相亲。通家修好，讲道为邻。"（鸣鹤，虞九皋字，元和年第进士，柳宗元儿时好友，其父虞当为沔州刺史，两家时都在鄂州，即夏口，居之相邻，父辈是同僚），又《送萧炼登第后南归序》："始余幼时拜兄于九江郡，睹其乐嗜

经书，慕山薮，凝和抱质，气象甚茂，虽在绮纨，而私心慕焉。"（萧炼，柳宗元友，以文名于当时，贞元十二年礼部考试中第），可见此时仅仅一十二岁的柳宗元已经在开始了自己的交游，被引进了文人圈子之中，并在浓厚的文化氛围中与众多人才相互学习、交流，这无疑是他思想的兼收并蓄，文学的博采众长的源头活水。

　　唐德宗贞元元年（公元 785 年），李兼移镇江西，柳镇作为李兼的幕僚随同前往，这一年柳宗元十三岁，随父同行。是年八月，李怀光的叛乱得以平定，一位姓崔的中丞官准备就此事向朝廷写道贺表，想必当时柳宗元已有文名，故而崔中丞不惜礼贤下士，特意请柳宗元"捉刀代笔"，于是就有了至今流传的柳宗元最早的文章《为崔中丞贺平李怀光表》，此文虽只留下残篇，但一一列李怀光数其罪，从中依稀可见作者凛然正气，和反对分裂，渴求统一的极大热忱。文章采取骈文模式，对仗工整，引经据典，气势恢宏，在当时获得了几乎"洛阳纸贵"的巨大反响，多年后，刘禹锡在《河东先生集序》中不无感慨的说："子厚始以童子有奇名于贞元初。"柳宗元的少年得志，意气风发很快声名大振，当时皆以"神童"喻之。李兼是柳镇在夏口和南昌时的上司，颇以礼贤下士和重视人才而著名，在他的幕下，可谓人才济济，权德舆、杨凭等都在其幕，他还把自己的女儿许配给了杨凭为妻。如今，看到天资过人的少年柳宗元，李兼更是惜才若渴，而时任兵部郎中的杨凭也为这个少年过人的文采与见识所打动，把自己的女儿杨氏许配给柳宗元，与柳镇定下了这门娃娃亲。

　　柳宗元早年为文，主要是为考进士作准备，故"以辞为工"，以"务采色，夸声音"为能（《答韦中立论师道书》）。在当时就颇有文名，《旧唐书·柳宗元传》说他"少聪警绝众，尤精西汉、诗

骚。下笔构思，与古为俦。精裁密致，璨若珠贝。当时流辈咸推之"。但是正如他在《答贡士元公瑾论仕进书》所说："始仆之志学也，甚自尊大，颇慕古之大有为者。"胸怀大志的柳宗元从小自视甚高，并不甘心于埋头故纸堆中，仅仅为经学章句，科举功名所禁锢，而是立志要经世致用，探求治国安邦，中兴崛起之路。故而，除了作诗为文之外，柳宗元还有着自己广泛的学习与涉猎。

在唐代，经学是士子们的必修课。早在建唐之初，唐太宗李世民便"以经籍去圣久远，文字多讹谬，诏前中书侍郎颜师古考定五经，颁于天下，命学者习焉。又以儒学多门，章句繁杂，诏国子祭酒孔颖达与诸儒撰定五经义疏，凡一百七十卷，名曰《五经正义》，令天下传习"（《儒林传上》）。在科举考试中，无论是进士科或是明经科，讲经和背经都是必考的科目，讲经要依照国家规定的注本对经典加以解读，背经的考法更加离奇，要"帖经"，具体方法是把经书中的某一部分的前后两行遮帖起来，留下中间的一行，在用纸盖住这一行中的任意三个字，要求考生把它背出来，且"专帖孤章"。这样"死记硬背"式的教育方式固然是有利于统治者在思想上对于青年学子的掌控与划一，但考试内容的狭窄势必造成束书不观，知识结构单一，思想僵化。在唐代，众多士子为了应付科考谋求功名，甚至只专注于考试科目"五经""九经"的学习，而这无疑是远远不够的。"五经"指《周易》《尚书》《毛诗》《礼记》《左传》，"九经"则是在"五经"的基础之上加上了《周礼》《仪礼》《公羊传》《谷梁传》，可见它们只是儒家学派的某一部分代表作，不仅谈不上博采百家，甚至连儒家学说本身也不能够很好的完全体现，像我们后世所常常提到，并享有极高声誉的《孟子》《论语》等儒家学说著作都没有

被囊括其中。李白曾这样描述过这种教育制度下的士人们："鲁
叟谈五经，白发死章句。问以经济策，茫如坠烟雾"。可见墨守成
规，泥古不化是那个专攻经学章句的年代士人的弊病。柳宗元为
进士出身，对经学章句应该说也是烂熟于心的，但是他却极力反
对唐代士人仅仅拘泥于"五经""九经"，经学章句的做法，在他
看来这样的人只能是"学不能探奥义，穷章句，为腐烂之儒"。
（《与崔大卿启》)，在这种思想的指导之下，柳宗元博览群书，虽
然以儒家学说为其思想基奠，但对先秦诸子百家也都颇有研究。
曾经，有一位叫做袁君陈的秀才仰慕柳宗元的斐然文名，想要拜
他为师请教作文，读书之法，柳宗元做《报袁君陈秀才避师名书》
回答他的疑问，在这封信中，柳宗元指出了自己认为的作文读书
的方式方法，认为要："先读六经，次论语，孟轲书皆经言；左
氏、国语、庄周、屈原之辞，稍采取之；谷梁子、太史公甚峻洁，
可以出入。"即主张以六经的学习为主，但并不局限于此，还要参
读《论语》《孟子》（这一点是十分具有远见卓识的，在后世宋
儒程颢、程颐、朱熹的极力推荐之下，《论语》《孟子》与《大
学》《中庸》并称"四书"，成为研治儒学最重要的文献和南宋以
后儒生学子的必读必考之书，柳宗元在这一点上应该说是程颢、
程颐、朱熹的先驱)，此外学习的内容不应仅仅只有儒经，《左
传》《国语》《庄子》《楚辞》辞来切今，惊采绝艳，文采斐然
都应有所借鉴，而《春秋谷梁传》《史记》则词约意丰，微言大
义，应在文章中加以引用以博古论今。他还在《送元十八山人南
游序》他还讲到诸子百家学说并非道不同不相为谋，而是互为补
充，相互融合的，无论杨、墨、申、商、刑、名、纵横、释、老等
各家学说，"皆有以佐世"之处，是"孔氏之异流"，"与孔子同

道"，因此要"读百家书，上下驰骋"，才能"为学恢弘而贯统"。柳宗元后来的学术实践恰恰践行并证明了他的观点：他吸收了道家的朴素唯物主义自然观和先秦两汉的元气说，故而才有了日后的《与刘禹锡论周易九六书》《天说》《天对》《礻昔说》《断刑论》《三川震》等体现其"元气革化"的本体论和"无功无作"的自然观以及"功者自功，祸者自祸"无神论的哲学性论说文。他接受了法家的"义""利"学说和历史发展观，故而才有了《封建论》中因"势"而治的历史理论，《时令论》中"利于人，备于事"的为政思想。同时，他的史学修养也很深，在论说中常常可以出入经史，议古论今，韩愈在回忆柳宗元年少岁月之时，称其"俊杰廉悍，议论证据今古，出入经史百子，踔厉风发，率常屈其座人"。最为难能可贵的是，书读百家使柳宗元具有了兼收并蓄，独立思考的思维习惯，所以才能在日后敢为人先，从故纸堆中，品悟出些别人未曾想过或不敢想的东西来。他继承了儒家的"仁政"之说，并在此基础上发展延伸出"官为民役，民可黜官"（《送薛存义序》）的民主思想，甚至敢于把矛头直指传统儒家的先贤圣人周公，在《桐叶封弟辩》中指名批评他"若戏而必行之，是周公教王遂过也"。这种大胆质疑，不畏圣贤成规的学术精神，使他得以在思想领域独树一帜，成为有唐一代不可忽视的思想家。

除去经史百家，柳宗元在书法和音乐方面也颇有造诣。在《亡姊崔氏夫人墓志盖石文》中，柳宗元曾记载了其长姊"善隶书，为雅琴，以自娱乐，隐而不耀"，即其长姊亦擅隶书与操琴，这在当时的女子中是并不多见的，想必，柳宗元的音乐造诣也必与柳氏家庭中浓厚的文化氛围有关。柳宗元通音律，尤精于音乐鉴赏，与琴师郭无名互为知音，他在《筝郭师墓志》中对此有详

细的记录，其中描写郭师弹筝之语，颇为精到传神，一见便知出于行家之口。郭师出身世家，一生追求逍遥自适，他精湛的琴技曾吸引了无数的权贵，但他却不屑优待，一再推辞甚至不惜逃跑，最后抱病来到柳州，在生命的最后时刻为柳宗元奏筝，高山流水，以谢知音，可谓狐死首丘。柳宗元在书法方面的成就更是常常为人所提及。其友刘禹锡在《伤愚溪三首》中的第二首曾这样写道：草圣数行留坏壁，木奴千树属邻家。唯见里门通德榜，残阳寂寞出樵车。本诗诗前有序，曰："故人柳子厚之谪永州，得胜地，结茅树疏，为沼（水旁加止），为台树，目目愚溪。柳子没三年，有僧游零陵，告余曰，愚溪无复曩时矣。一闻僧言，悲不能自胜，遂以所闻为七言以寄恨。"可证诗中的"草圣"乃是刘禹锡用来比喻柳宗元的。无独有偶，赵璘所着《因话录》亦称"元和中，柳柳州书，后生多师傚。就中尤长于章草，为时所宝。湖湘以南，童稚悉学其书。颇有能者。长庆以来，柳尚书公权，又以博闻强识工书，不离进侍。柳氏言书者，进世有此二人。"可见柳宗元是一位擅长章草的书法家。柳宗元曾与刘禹锡一起师承皇甫阅，共同学习书法，皇甫阅则师承草绳张旭，故而柳宗元擅长隶草也就不难理解了。而柳宗元的书法成就除去隶草外，在行楷上也颇有成就。宋人蔡居厚说他"柳子厚书法，湖湘间多有其碑刻……人抵规模虞永兴矣"（《蔡宽夫诗话》），元人郑子经说他"子厚雅有负抱，而有永兴公之余韵"，这都是在说柳宗元的书法中颇具虞世南书法的风格特征，而虞世南又是以行书和楷书两种文体而著名的。柳宗元自己曾说"凡人好辞工书，皆病癖也，吾不幸蚤得二病"（《报崔黯秀才论为文书》），说自己自幼酷爱书，在《与吕恭论墓中石书书》中，记载了他凭借自己对于书法艺术高超的鉴别

力和深厚修养，断定墓中出土的署年为西晋"永嘉"的土石书是伪作一事。在这里他论证到："仆蚤好观古书，家所蓄晋魏时尺牍甚具，又二十年来，遍观长安贵人好事者所蓄，殆无遗焉，以是善知书……今视石文，署其年曰永嘉，其书则今田野人所作也，虽支离其字，犹不能近古。为其永字等，颇效王氏变法，皆永嘉所未有"，从这段论证中我们可以看到，柳宗元不仅很好的利用了家中收藏的众多古代书法艺术作品，更广泛涉猎了长安权贵家中的私人私藏之作，柳子不无骄傲的说在长安城中几乎没有自己不曾观赏过的书法作品了，正因为有了如此丰富的经验积累，故而自己可以算作是"善知书"者了，对此他颇为自信。这便不难看出柳宗元对于书法艺术爱好时日已久，更是颇为下过一番功夫的。接下来，柳宗元又一眼看出，出土之古书，笔法上师承了王羲之，而王羲之出生于永嘉后，自然这一效法后人之作的"永嘉"古书实为伪作。这一判断是很有专业水准的，不是行家里手，没有深厚造诣根本不能看出其中门道。直到后来，书法这一兴趣爱好仍然一直伴随着柳宗元，无论是永州十年还是柳州谪旅，柳宗元都不曾放弃书法。他不时与好友刘禹锡书信往来，一起探讨书法艺术，成为贬谪生活中雅趣独具的自娱方式，二人有多首唱和诗传世，遂成美谈。如：

《殷贤戏批书后寄刘连州并示孟仑二童》曰：

　　书成欲寄庾安西，纸背应劳手自题。
　　闻道近来诸子弟，临池寻巳厌家鸡。

此诗缘于刘禹锡孟、仑二子师承柳宗元求教书法。这里，柳宗元借用了庾翼的典故，与好友相互调侃。庾翼，晋代安西将军，他

少年时以书法与王羲之齐名，而后来王羲之声名大振，庾翼则相对默默无闻，故而心中"犹不忿"，但其儿辈偏偏不以乃翁书法，而独喜王羲之书风。他给友人的信中颇为不平的抱怨此事，"小儿辈厌家鸡，爱野雉，皆学逸少（王羲之字）书"。柳宗元这是以庾翼戏比刘禹锡，即是说，刘禹锡的书法水平有待提高，刘家子弟已经厌习刘字而爱习柳字。自得、调侃之外，不乏对好友的"激将法"。

刘禹锡得诗会心一笑，挥笔遂成《酬柳柳州家鸡之赠》，赠答柳宗元，其诗曰：

> 日日临池弄小雏，还思写论付官奴。
> 柳家新样元和脚，且尽姜牙敛手徒。

"官奴"，是借用了王羲之之女玉润之典。因王羲之小楷《乐毅论》注有"付官奴收执"数字，故而刘禹锡接过柳宗元自比王羲之的话头，以王羲之比喻柳宗元，以玉润比喻柳宗元的女儿。诗歌的头两句是写柳宗元虽然没有儿子，但每日都悉心指导女儿临池练字，他看着女儿在庭院中弄土习字，满地涂鸦字迹，这含饴弄女之情之景，愉悦之情溢于言表，别是一番天伦之乐。"元和脚"据考是柳宗元自创的书法样式（也有说是柳公权所创的），而"姜牙"语出朱翌《猗觉寮杂记》卷上引《相书》，可用来比喻好手，这句诗是在盛赞柳宗元的书法艺术炉火纯青，非常人所能相媲美，他所创的新字体"元和脚"别开生面，独树一帜，是当时众多的书法大家都望而却步，为之敛手而不敢轻易尝试的。

柳宗元接到回信很是高兴，又连做《重赠二首》寄与好友，而刘禹锡立做也《答前篇》和《答后篇》酬唱好友，柳宗元意兴

阑珊，更做《叠前》《叠后》加以回复。两位诗人在对书法艺术的探讨中，时而诙谐调侃，时而赞美激励，时而谈书论道，时而寄托愁思，兴致勃勃，往来唱和，仿佛不再是地处偏远瘴疠之地的贬谪之臣，而是身处世外桃源的两大顽童、逸士，在对书法艺术的探讨研究中怡然自娱，成为二人贬谪生活中难得一见的亮色。

柳宗元虽然学识出众，多才多艺，但对于学术却始终秉承着极为严谨认真，脚踏实地的端正学风。他认为"秀才志于道，慎勿怪、勿杂、勿务速显"。(《报袁君陈秀才避师名书》)，做学问要秉承大道，立足经典，传承圣人之言，弘扬治国理民之大道，并在此基础之上循循渐进，踏实钻研，切不可急功近利，哗众取宠，或专从偏狭怪诞之学以图标新立异，或杂学旁收看似经纶满腹，学富五车，实则却都只是"囫囵吞枣，粗识皮毛不求甚解。更重要的是，务必应学思结合，独立思考，"尽信书不如无书"，切不可盲目的信从前人，哪怕是奉为金科玉律的圣人的学说。他在《复杜温夫书》中说："慎思之则一益也"。主张应本着严肃认真地学术态度，对问题进行深入调查研究、考证思辨，探源索流，"慎思"之后，才可下结论，否则则是"悬断"。对于新的观点，不同于前人的学术看法，他一方面持鼓励赞许的开明态度，另一方面则又谨慎处之，要求其建立在全面深入，严肃认真的研究与思考之上，不可故作怪谈，他说："君子之学，将有以异也，必先究穷其书，究穷而不可得焉，乃可以立而正也"，又讲"务先穷昔人书，有不可者而后革之，则大善。"(《与刘禹锡论周易九六书》)。在此基础上得到的一家之言，哪怕是置喙圣人、经典也敢"冒天下之大不韪"，这一点在他的《非国语》六十篇、《天对》《天说》《天爵论》等文章中表现的十分明显。

　　柳子还颇为赞赏"论说辩问"这种开放式的合作探究的学术研究和思想交流方法，这在他的一生中可谓是贯穿始终，少年得志时，他与长安城中众多青年才俊一起"指点江山，激昂文字"，从国家大政到为文之道，经史子集莫不涉及，柳子的性格本来并不算外向之人，但讨论起来却激情昂扬，滔滔不绝。许多年后，韩愈回忆起这段交游时光还不无感慨的称赞柳宗元当年讨论中意气风发，博古通今的英姿为"俊杰廉悍，议论证据今古，出入经史百子，踔厉风发，率常屈其座人"。仕途沉沦时，柳宗元依然不改当年研讨学术之风，翻开《柳子厚文集》，多可见其后来与刘禹锡、韩愈等众多文士的书信往来，频繁的进行着思想上的交流和学术上的讨论：他们谈易学，对于朋友们的新看法，新观点，柳宗元密切关注，积极思考，《与刘禹锡论周易九六书》《与董生言易辩易九六论》《送易师杨君序》都是就关于易学本身的一些新观点新看法而进行的讨论。而他们的讨论又不仅局限于对易学本身的思考与认识，柳宗元更在其基础之上进而"用易"，提出了"本之易以求其动"（《答韦中立论师道书》），即以《易经》为写作范本，在内容和写作形式上追求因势利导，变换多样，以达到内容和形式的完美匹配，相映成辉，从而营造出感人至深的艺术效果的这样的文学主张。他又以易学中的朴素唯物主义思想和自然观为基点，提出了具有划时代意义的无神论观点，全面否定批判了千百年来在思想领域不可撼动的"天人交感""君权神授"之说，认为人定胜天，事在人为，为有唐一代的思想史天空增添了一道绚丽的思想彩虹；他们也谈书法艺术，相互督促学习。柳宗元曾寄赠砚台一方给刘禹锡，并手书张衡的《西京赋》给刘禹锡请其观摩指导。刘禹锡即奉酬以《谢柳子厚寄叠石砚》一诗，

感谢好友的盛情馈赠，并表示要勤加练习，提高书法水平。此外，柳宗元还在论书诗中提出了书法要别是一家，独具特色，不可人云亦云，机械模拟的理论。"柳家新样元和脚，且尽姜牙敛手徒"这是刘禹锡在《酬柳柳州家鸡之赠》中盛赞宗元的"元和小脚"在元和年间独创一格，别开生面。以至当地众多书法"姜牙"（比喻专家，好手）都望尘莫及，柳宗元则在《重赠二首》中以"世上悠悠不识真，姜芽尽是捧心人。"进一步批评了当时世人们学书不知书法艺术真谛在于书神合一，神韵天然，只知盲目模仿，不知具体深入分析，因人而异，从而只能如东施效颦一样弄巧成拙；他们亦探讨哲学与为官之道。柳宗元曾与韩愈就天命论展开过激烈的论争，韩愈作《与崔群书》指出天人相对，认为"吾意有能残斯人使日薄岁削，祸元气阴阳者也繁而息之者，天地之仇也。""有功者受赏必大矣，其祸焉者受罚亦大矣"（《答刘秀才论史书》），柳宗元正是以此为缘起，创作出了著名的哲学论著《天说》，在具体的论证了自己天人相分的观点之后，柳宗元对朋友韩愈的激愤之言表示了理解，对其论述的技巧给予了高度的评价，并在文章的最后以勉励韩愈坚持自己的仁义信念。后来，当韩愈因避祸心理为是否秉公撰写国史而犹豫彷徨之时，柳宗元又做《与韩愈论史官书》，他直率的批评了韩愈所谓史官"不有人祸，则有天刑"的认识荒谬无知，并义正言辞，激愤异常的指出"凡居其位，思直其道。道苟直，虽死不可回也；如回之，莫若亟去其位"，即在其位谋其政，尽职尽责，行乎正道所赋予的职责，如果所遵从的道是正确的，即便为其牺牲惜命也不能有所妥协，如果想要有所妥协，则应该立刻离开那个职位。如果不这样做，那么就是"虚受宰相荣己，而冒居馆下，近密地，食奉养，役使

掌故，利纸笔为私书，取以供子弟费"，是尸位素餐，为君子所不齿。这就是柳宗元一生都不曾改变的"论说辩问"式的学术研究和思想交流方法，无论养尊处优还是处于困顿之秋，他在辩论中永远那么激情澎湃，当仁不让。对对方理论中的合理因素给予充分的鼓励支持和毫不吝啬的赞赏，而对于其中的思想糟粕毫不留情的加以批评纠正和辨别扬弃。

柳宗元这个本就天资聪慧的少年，正是凭借自己年少时的勤学苦读，加之师长的谆谆善诱，生活的打磨历练，以及自己博采众长，不拘章句的学术思想，脚踏实地的端正学风，"论说辩问"的研究方法，最终完成了自己的学习积累，攀登到了"少精敏，无不通达"（韩愈·《刘子厚墓志铭》）的学识高峰，并由此登堂入室，此开始了他的长安仕途生涯。

二、"超美取显"的政坛新秀

贞元九年（公元 793 年），柳宗元迎来了自己生命中转折性的一年，这一年，二十一岁的柳宗元终于在在朝廷的科举考试中进士及第，通过了由读书向仕途的桥梁。虽然，正如柳宗元自己后来曾经写到的那样"吾年十七求进士，四年乃得"（《与杨诲之疏解车义第二书》），考了四年才最终进士及第。但唐代科举人才济济，竞争异常激烈，柳宗元在《送辛殆庶下第南游郑序》中曾有这样的记载："朝廷用文字求士，每岁布衣束带，偕计吏而造有司者，仅半孔徒之数。春官上大夫擢甲乙而升司徒者，于孔氏高第，亦再倍焉。仆在京师，凡九年于今，其间得意者，二百有六十人。其果以文克者，十不能一二。尝从俊造之后，颇涉艺文之事，四贡乡里，而后获焉。方之于钓者，丝纶不属，钓喙甚直，

怀有美饵，而触望获鱼之暮，则善取者皆指而笑之。"士子队伍庞大，而排除了"门荫"，世袭等特权之外，能真正通过科举登堂入室的已经是凤毛麟角，百里挑一，所以柳宗元才以姜太公钓鱼之典形容其难。柳宗元所中的是进士科，在唐代科举考试中，官职较优升迁较快的，恰恰以进士和明经为主，故而参考人数尤为庞大。《唐摭言》说："进士科始于隋大业中，盛于贞观、永徽之际，缙绅虽位极人臣，不由进士者，终不为美。以至岁贡，常不减八九百人。"（《唐摭言》卷一《散序进士》）在进士科与明经科中，又以进士科的仕途出路更为广阔，进士科出身者其仕途优于明经，因而当时士人竞趋于进士科，虽然唐代进士科录取人数少者几人，多者也只不过三四十人，但"其应诏而举者，多则两千人，少犹不减千人"（同上），故而"其进士大抵千人得第者百一二，明经者倍之，得第者十一二"，古人常说"三十老明经，五十少进士"，即三十岁中了明经已经算是落后的老考生了，而五十岁能中进士，却相当于学术颇丰，年少有为的青年学者。

"春风得意马蹄疾，一朝看遍长安花。"

二十一岁的柳宗元此时意气风发，跃跃欲试。

"逮其父时，虽少年，已自成人，能取进士第，崭然见头角，众谓：'柳氏有子矣。'"（《柳子厚墓志铭》）多年后，韩愈回忆起这时的柳宗元，如是说道。

按照唐代科举考试的规定，通过了礼部主管的科举考试的进士及第者还要通过吏部的考试才能真正的被授予官职，入朝为官。这也是极为关键，且颇有难度的一步。虽然参加这场考试的已经是万里挑一所选出的进士及第者，但考试同样是差额录取的淘汰制，如果考试落选，那么就只能到节度使那儿去当幕僚，再争取得到国家

正式委任的官职。唐代大文豪韩愈就在考中进士后，一再在吏部的考试中名落孙山，以致奔走长安十年之久，又不得不屈居幕僚，寄人篱下多年，竟不能谋得个一官半职。和他相比，柳宗元的入仕之路则显得相对顺利，在他进士及第的当年其父柳镇不幸逝世，故而按照当时的礼制柳宗元必须在家守丧三年，中间不能参加吏部的考试，居丧期一结束，柳宗元就即刻参加了吏部的考试，但一方面由于柳宗元居丧期间曾远游于其叔父所任职的邠宁节度使府，山川游历，考察人情，精力也有所分散，另一方面也由于三年中家中发生柳镇去世，柳宗元娶妻杨氏等重大的变故心绪纷繁，难于平复，故而在这次考试中柳宗元的成绩并不十分理想，未被录取。但这小小的波折并没有影响柳宗元的仕途之路，两年后，在贞元十四年（798 年）的博学鸿词科考试中，柳宗元顺利登科，被任命为集贤殿书院正字，正式开始了他的仕途生涯，这一年，柳宗元二十六岁。

　　集贤殿书院的工作持续时间并不算长，三年后，届任期刚满的柳宗元便被任命为蓝田县尉，这是一条极为理想的仕途道路，按照当时的官吏选拔惯例，朝廷如若选拔要员，总要首先考虑担任过地方州县职务，有实际为政经验者。而蓝田县又非同一般的州县，它是所谓畿县。那么畿县又与普通的州县有何不同呢？据《通典职官十五》："大唐县有赤、畿、望、紧、上、中、下七等之差。"并注："京都所治为赤县，京之旁邑为畿县，其馀则以户口多少、资地美恶为差。"可见，畿县靠近京城，地理位置和政治、经济地位都因此非比寻常。《新唐书·百官志四下》载："畿县令各一人，正六品上；丞一人，正八品下。而寻常县尉却的官位却只有从六品上至从七品下。足见畿县非同一般，而柳宗元能有幸担任畿县尉，更是其颇受重用的表现。

作为蓝田县尉，柳宗元此时的顶头上司是作为京兆尹的韦夏卿。韦夏卿是当时著名的学者，同时又以礼贤下士，提拔后生所著名。史载："夏卿苦学，大历中与弟正卿俱应制举。"又说他"夏卿深于儒术，所至招礼通经之士。时处士窦群寓于郡界，夏卿以其所著史论，荐之于朝，遂为门人。"（《旧唐书》卷一百六十五），可见以学养得仕的韦夏卿为人宽厚，且青年苦学的他，对于饱学多才之士颇为偏爱。正因为如此，当柳宗元出现在此时已经年过花甲的韦夏卿视野中时，这个阅人无数的长者一眼就看出了这个年轻人身上过人的才学与胆识，加之当时柳宗元已经以文名名扬长安，故而更加断定此生非泛泛之辈，特意把他留在身边做文字工作。所以柳宗元虽名为蓝田县尉，但并没有真正到蓝田去做多少县委的工作，而是留居长安，阅尽朝中群臣诸相，同时在长安自由的空气中与众多青年才俊一起交游求学，这些都对他后来政治道路的选择，学术思想的形成具有决定性的作用。两年以后，凭借在任上的出色表现，三十一岁的柳宗元被朝廷由蓝田县尉提拔至朝廷的监察机构御史台，成为监察御史里行。所谓里行是见习之意，监察御史是官名，《新唐书·百官志三》载："监察御史十五人，正八品下。掌分察百僚，巡按州县，狱讼、军戎、祭祀、营作、太府出纳皆莅焉；知朝堂左右厢及百司纲目。"可见监察御史一职虽然品级不高，但它是负责监察百官、巡视郡县、纠正刑狱、肃整朝仪等事务的一个官职，可以直接向皇帝弹劾违法乱纪和不称职的官员，故而责任重大的同时也很能表现出一个人的品德与才干，是每一个青年官员都求之不得的升迁平台。柳宗元也正是在这个任上，以其卓越的政治才能与廉政为民的为官之道得到了改革派王叔文等人的递过来的橄榄枝，并最终下定决

心，在永贞革新的大潮中施展自己的政治抱负。多年后，柳宗元在给萧俛的书信中如是对这段过往如是回忆道：

> 仆当时年三十三，甚少，自御史里行得礼部员外郎，超取显美，欲免世之求进者怪怒媢嫉，其可得乎？
>
> ——《与萧翰林俛书》

对于科举登仕，不同人有着不同的追求和信条。正所谓："有爱锥刀者，以举是科为悦者也；有争寻常者，以登乎朝廷为悦者也；有慕权贵之位者，以将相为悦者也；有乐行乎其政者，以理天下为悦者也。"（《上大理崔大卿应制举不敏启》），对于那些愿意贡献微薄之力的爱锥刀者，中举即是他们的快乐。对于那些斤斤计较平凡小事的人，能进入朝廷就是他们的快乐。对于那些爱慕权势的人来说，出将入相就是他们的快乐。然而，这些都不是柳宗元想要的，他恰恰是所谓的"乐行乎其政者"，他的终极目的在于能够大治天下。在他看来"举甲乙，历科第，故为末而已矣。得之不加荣，丧之不加忧，苟成其名，于远大者何补焉！"无论是登第或是升官都不是什么重要的是，得到了不能增加光彩，失去了也不必忧虑，故而，眼前的似锦前程并没能让这个"甚自尊大，颇慕古之大有为者"（《答贡士元公瑾论仕进书》）的年轻人真正感到自身价值的实现，他仍在与众多青年才俊的交往中，对眼前和前代政治的反思中，执着的追寻着实现自己"兴尧、舜、孔子之道""利安元元"的政治理想的道路。

三、名声大振，一时皆慕与之交

永贞革新之前的柳宗元是春风得意的，这一点不仅仅体现在他仕途之路的一帆风顺上，更体现于他此时文名的声名鹊起之上。《唐史》言："宗元少精敏绝伦，为文章卓伟精致，一时辈行推仰。"说的正是此时。这时的长安文坛孤独及，梁肃、李华等人已经相继去世时，而所谓的古文运动还并未真正开始，长安文坛正是青黄不接之时，柳宗元的出现则像一道耀眼的曙光，让众多长安的达官显贵们为之一振。

> 今者果不自意，他日琐琐之著述，幸得流于衽席，接在视听，阁下乃谓可以蹈远大之途，及制作之门，决然而不疑，介然而独德，是何收采之特达，而顾念之勤备乎？
>
> ——《上大理崔大卿应制举不敏启》

崔大卿，名崔儆，贞元八年至十一年为大理卿，对柳宗元的文才赞许有加。本文作于贞元十三年（公元797年），这一年正是柳宗元初次应举吏部博学鸿词科失利，而崔儆对其赞许如故，故而柳宗元寄此文与崔儆"更求其抚荐于在举耳"（陈景云《柳集点勘》）。本段即记载了柳宗元与崔儆交往的一个细节，这一年柳宗元应考博学鸿词科，遇"不我知者，遂排逐而委之"，一时不免心灰意冷，甚至怀疑自己"智不能经大务、断大事，非有恢杰之才；学不能探奥义、穷章句，为腐烂之儒。"（《上大理崔大卿应制举不敏启》），正当此时，柳宗元昔日零落的著述辗转落于崔儆手中，崔儆

一眼就从这些文章中看到了柳宗元绝非草木之人，他当时便断言这个年轻人一定可以登上远大的前程，获得著书立说的门径，虽然此时柳宗元刚刚科场失利，铩羽而归，但崔儆的判断果决而毫不迟疑，"一遇文字，便志在济拔"，并因此而一如既往，坚定不移的看好这个年轻人，感遇之恩让柳宗元受宠若惊。通过这个细节，我们对于柳宗元当时文才的出类拔萃就可以略知一二了。

事实上，长安时期的柳宗元文章已经受到了长安各界要人的交口赞誉，崔儆不是第一个更不是唯一一个。当时的柳宗元在长安士子的心目之中有着很高的声誉。在柳宗元的文集中我们可以看到很多柳宗元应邀给当时的士子们所作的序，这里的序指的是古人送别亲友时为表纪念所相互酬唱作赠的诗文，做序送别是当时士人中非常风行的一个传统。当时的长安士子因仰慕柳宗元的文名故而纷纷请他作序留念。唐德宗贞元十三年（公元797年），柳宗元在长安，因辛殆庶下第游学离开长安，柳宗元遂作序送之。这就是《柳宗元集》卷二三的《送辛殆庶下第游南郑序》。唐德宗贞元十七年（公元801年）柳宗元又应邀为班孝作序送别这就是《柳宗元集》卷二二的《送班孝廉擢第归东川觐省序》，在篇序中柳宗元记载了这篇序写作中的一个小插曲："陇西辛殆庶，猥称吾宜叙事，晨持缣素，以班孝廉之行为请。"原来，班肃为当年所中进士，这时进士及第的他要回到故乡四川去探望自己的父母，在柳宗元写这篇序之前，一大批为班肃送行的长安青年们已经做了很多的诗歌以做纪念，但由于柳宗元的文章在当时已是鼎鼎大名，故而谁也不去写那篇序文而专门把这个任务留给了柳宗元去做。翌日清晨，参加了昨天送别的辛殆庶特意赶到了柳宗元家里，持写序所用的绢素等候柳宗元为班肃写这篇序言，尽管对班肃本

人并不熟悉，但是柳宗元还是在很短的时间内完成了这篇文章的写作，虽是临危受命，盛情难却的现场之作，勉强为之，但这篇文章却仍然写的流畅优美，不失为酬唱之作中的佳篇。此外颇为士人所推重的柳宗元此时还时不时要接待上门造书或修书请教之人。柳宗元文集中的很多作品都对此有所提及。如《柳宗元集》卷三四《报袁君陈秀才避师名书》云："仆避师名久矣。往在京都，后学之士到仆门，日或数十人，仆不敢虚其来意，有长必出之，有不必之"又同卷《答贡士廖有方论文书》："吾在京师时，好以文宠后辈，由吾文知者，亦为不少焉。"可见，当时在长安钦慕柳宗元文名，追捧柳宗元文章的士子后学们不在少数。虽然柳宗元此时年纪尚轻，资历尚浅，故而不敢担当为人之师之名，一再推辞谢绝，但慕名而来的士子们还是络绎不绝，这其中不仅有后生之辈，更有许多的年龄资历都比柳宗元大很多的前辈长者，柳家因此可谓门庭若市。柳宗元也很是谦虚热心，他不仅对所有的来访者都以礼相待，而且虽然没有为师之名，但却像老师一样知无不言，诲人不倦的倾其所有为来者答疑解惑，让他们不虚此行。此外柳宗元此时代人为文之作颇多也从侧面说明了柳宗元此时文名的显赫。事实上，柳宗元在蓝田都尉任上的顶头上司韦夏卿即是因为柳宗元文采出众而将其留在身边专司京兆尹府的文字工作的。韩愈更是在多年以后忆及少年柳宗元时仍然不忘当年"未识子时，已览（览）赠子篇。寱寐想风采"的文字相交。又记其："名声大振，一时皆慕与之交。诸公要人，争欲令出我门下，交口荐誉之。"的辉煌过往。皇甫湜也称赞他："弱冠游学，声华籍甚。肆意文章，秋涛瑞锦。吹回虫濫，王风凛凛。连收甲科，骤阅班品。青衿缙绅，属目敛衽。公卿之禄，若在仓廪。"（《祭柳柳州文》）

但就他此时的文学创作而言，客观的说，虽然文名很响，但总体创作成就并不是很高。原因有二：

其一：骈俪繁缛。

浮艳是骈文自六朝以来最大的毛病，骈文是介乎散文与韵文之间的一种美文，它的特点在于从句式、声调、语言三方面精雕细琢以追求一种至美至善的文学之美，具体的说就是句式上以对偶为主；音律上要求在散韵之间，韵律和谐；语言上要求典雅精美，多用典故。这本是无可厚非的，但是形式上的过度拘束往往过犹不及而导致"以文章本身之美即为文章之价值"（张仁青），程式化地故意为凸显文才，刻画语言、句式而滥用与堆砌骈词俪句，造成文章繁缛冗长，徒有华丽外表但内容的表达不够清晰准确。宋祁在《新唐书·文艺传》中曾有这样的记载："……高祖、太宗，大难始夷，沿江左余风，缔句绘章，揣合低昂，故王杨为之伯。玄宗好经术，群臣稍厌雕琢，索理致，崇雅黜浮，气益雄浑，则燕许擅其宗，是时唐兴已百年，诸儒争自名家……"大致上描绘了柳宗元所处时期的文风更迭的大体情况。可见此时，骈文在唐朝受到推崇时日已久，源远流长，且在柳宗元所处的时代仍是当时文坛主流的审美价值取向，只是在语言上相对追求自然平易，反对过分的追求辞藻华美，声律铿锵。但是并没有在改变骈文句式上重视骈俪之美的形式化限制。骈，原指两马并驾齐驱，后成为成双，对偶的代名词。以对偶句为主，是骈文本质所在，舍此则不成其为骈文，正如日本学者下定雅弘所指出的，在柳宗元一生创作的三个阶段（长安、永州、柳州）中，在长安时期的对偶率是最高的，但如此的追求字数、结构和词性完全对称则完全是围绕"美"的形式来展开的，难免造成为了追求对仗的工整

而画蛇添足的重复性叙述或词语堆砌，这无疑将导致文章的繁复冗长，空洞无物，这也是柳宗元长安时期文学创作的白璧微瑕之处。但这在当时，恰恰与长安馆阁文坛所追求文采飞扬，肃穆华美完美契合，故而反更助长了柳宗元的文名。

其二：内容的空洞无物。

身为馆阁文臣，长安时期的柳宗元的生活圈子是相对局限狭小的，实际上他在很长一段时间内都是以馆阁文臣的身份陷身于案牍公文的。官样文章自然空洞无聊，如《为文武百官请复尊号表三首》《终南山祠堂碑》《太白山祠堂碑》《京兆府贺佳瓜白兔连理棠树等表》《京兆府请复尊号表三首》《为耆老等请复尊号表》《监祭使壁记》《诸史兼御史中丞壁记》《四门助教厅壁记》等等，作为功颂德，粉饰太平之作其内容上或许并无多少可取之处，但是，这些文章或是事关皇帝的宣扬德政之文，或是题于官署墙壁上的官署简介、工作规范，总之大多都是要被勒石记碑的朝廷窗口式宣传示范工程，能被委以如此重任也从另外一个侧面反映出此时柳宗元的文章在长安城中炙手可热。随着这些文章的成功创作，柳宗元也越来越多的获得了达官显贵的青眼有加，他们"交口荐誉之"，并频频请柳宗元为其之捉刀代笔。比较有代表性的当属《邠宁进奏院记》，本文于贞元十二年写成（公元796年），是身为邠宁王的一品大员邠宁节度使张献甫特意邀请柳宗元代为撰写的。而这一年，柳宗元年仅二十四岁，还没有通过吏部的考试。

相比此时柳宗元声名鹊起的文学创作，他在长安时期的交游似乎对他今后的人生选择和思想形成更具有更为深刻的意义。此时，众多青年才俊走进了柳宗元的生活，他们或成为他以后的净交挚友、或成为他日后改革的坚实同盟，或成为后来朝廷的治世能臣，

很多都在柳宗元的人生和思想中留下了自己浓墨重彩的一笔。

（一）刘禹锡

刘禹锡（772—842），字梦得，唐代中晚期著名诗人，有"诗豪"之称。后世将他与柳宗元并称"刘柳"，可见二人交往之深。刘禹锡祖籍中山（今河北定县），大历七年（公园772年）诞生于吴郡（今江苏苏州）一个世代以儒学相传的书香门第，这位江南才子年少时便很有文名。据其《澈上人文集纪》自述，少年时他曾随父寓居嘉兴，常去吴兴拜访江南著名禅僧兼诗僧皎然和灵澈，当时便得到了二人"孺子可教"的评价。其天资超群由此可见一斑。他与柳宗元的相识源于他们的同年之谊。唐德宗贞元九年，二十岁的柳宗元和二十一岁的刘禹锡同登进士第，二人的人生轨迹有了第一次交汇。他们一起走马长安，题名雁塔，宴饮曲江，共同度过了一段春风得意的快乐时光。《旧唐书》曾评："贞元、大和之间，以文学耸动缙绅之伍者，宗元、禹锡而已。其巧丽渊博，属辞比事，诚一代之宏才。"，可见二人均为当时一流的青年才俊，风华正茂的两位才子以对方的文采风流而惺惺相惜，初结同年之谊。在柳宗元为父居丧期间，刘禹锡很顺利的通过了吏部博学宏辞科的考试，授职太子校书之职，与王叔文等人相识。在柳宗元应博学鸿词科未第的贞元十二年（公元796年），刘禹锡因父亲去世而奔丧扬州离开了长安，与刚刚结束父丧回到长安的柳宗元擦肩而过，直到柳宗元调任蓝田县尉的那一年，才结束居丧回到了长安。与柳宗元一样，刘禹锡亦是朝廷颇为看好的后起之秀，故而也被委任京畿县职，任京兆府渭南县主簿，三年后二人又是在同一年，同时从县职调任监察御史。两个好朋友在几年的

时间中共同承受了丧父之痛，又都以博学宏辞在朝中获职，都担任过校刊典籍的官员，又并驾齐驱，共同升迁，惊人相同的经历让他们的交往更加频繁，在京兆府和监察院共同任职的巧合更给他们创造了经常见面的客观条件。随着交往的加深，二人更加倾倒于对方的人品与才学，酬唱交游不断。后来，当他们共同投身于永贞革新的改革大潮中，二人已经是坚定不移的革命同志与心意相通的莫逆之交，改革中柳宗元任礼部员外郎，刘禹锡外任为屯田员外郎，二人分管朝廷财政工作，成为改革的中流砥柱，世称永贞革新的政治核心为"二王刘柳"（王叔文，王伾，刘禹锡，柳宗元）即是因此得名。这期间，二人虽然相隔千里，但同气相求，共谋大业，相互支持鼓励，书信往来不断。后来，刘禹锡曾在写给柳宗元的祭文中感慨万千，无限留恋的细致回忆了他们这段的共同成长共同奋斗，过从甚密的青年岁月，文章写道：

> 昔者与君，交臂相得。一言一笑，未始有极。驰声（谓声誉远播）日下，鹜名天衢。射策差池，高科齐驱。携手书殿，分曹蓝曲。心志谐同，追欢相续。或秋月衔觞，或春日驰毂。甸服（泛指京城附近的地方）载期，同升宪府。察视之烈，斯焉接武（形容人多拥挤）。君迁外郎，予侍内闱。出处虽间，音尘不亏。
>
> 【为鄂州李大夫祭柳员外文】——刘禹锡

(二) 韩愈

因为共同发起了古文运动，千百年来，韩柳一直在文学史上并称，研究者们也多称二者为挚友，而事实上，柳宗元和韩愈的

关系其实颇为玄妙，清代全祖望就在其《韩柳交情论》中由二人交往发出了："古人于论交一事，盖多有难言者。"这样的感慨。

韩愈，字退之，大历三年（768年）生于长安，自谓郡望昌黎（今属辽宁），故世称韩昌黎。他和柳宗元的交往渊源很深，可以一直追寻到柳宗元的父亲柳镇。"安史之乱"时，柳镇与韩愈的兄长韩会同时避难宣城，因同为好谈经济之略的才学之士而同声相应，后两家往来不断。而韩愈自小父母双亡，一直跟着哥哥韩会学习生活，史载韩愈7岁读书，13岁能文，故而在其兄韩会的引荐之下，早有文名的韩愈亦已引起了柳镇的注意并与之有所交往，故而柳宗元在后来给韩愈写信时，总是很谦虚地称呼韩愈为"丈"（即前辈、长辈）。韩愈早年的仕途颇为不顺，年少聪慧自视甚高的他用了五年才得以进士及第，而后又在以后三次的博学鸿词科考试中一再名落孙山，过了近十年寄人篱下，奔走拜谒的生活。终于，在贞元十七年（公元801年），从外地调到京城调选官职，并于次年任四门博士。这段时间中，柳宗元在韦夏卿的京兆府从事着文字工作，二人同在长安。两年后，韩愈、柳宗元、刘禹锡三人同时调任监察御史，又在一起度过了将近一年无话不谈的快乐时光。

诚如章学诚在《韩柳二先生年谱书后》所说："盖韩柳虽以文章互相推重。其出处固不同。臭味（比喻气味相投）亦非投契。"的确，二人的惺惺相惜主要集中在诗文创作的领域，是名副其实的诗文之友。韩愈称柳宗元："吾友柳子厚，其人艺且贤。吾未识子时，已览（览）赠子篇"（《赠别一兀十八协律六首（其三）》），柳宗元亦感叹"学如退之，辞如退之，好议论如退之，慷慨自谓正直行行焉如退之，犹所云若是，则唐之史述其卒无可托乎！"（《与韩愈论史官书》），可见二人对对方的文才都是由衷欣赏与钦佩的，在

为文之道上亦有众多不谋而合的相同见解，也正是因为如此，当韩愈竖起古文运动的大旗"学独去常俗，直以古道在千数百年希阔泯灭已亡之曲，独唱于万千人间。"而遭到了一片反对之声"有骇而呕走者，有陋而窃笑者，有怒而大骂者。丛聚嘲噪，万口应答，声无穷休"，柳宗元仍然"爱而喜、前而听、随而和"（石介·《上赵先生书》），不仅在理论上更在创作上给予了韩愈极大的支持。总之，共同的文学主张，不相上下的深厚学养使二人终身惺惺相惜，无论是在对方春风得意之时，还是宦海沉浮之后，始终往来不断，交流情感、讨论学问，成就文学史上的一段佳话。

然而尽管在文学上同声相和，韩柳二人在政治主张方面却是东西相望，鸿沟宛然，其中最大的分歧就在于对于"永贞革新"这一事的看法之上。史学界一般认为，韩愈在政治上是趋向于保守派的，对于改革派的一些具体措施，以及"二王"等的品行和用人上颇有微词。客观的说，二王在后来政治上的一些表现确有不当之嫌，革新党人的某些具体举措也有不成熟的表现，这一点我们在后文还将讲到。但是，他们的政治主张以及"永贞革新"的大体方向还是正确的，韩愈对二王等人的批评不无过激之处，甚至不乏无中生有捕风捉影之嫌，而这与他本人对这一政治集团的偏见是不无关联的。首先，他十分蔑视二王的出身，鄙视他们并非通过科举取士这样的大道得以位列朝纲，而是"以棋""以书"在东宫侍奉皇太子并得到了皇太子的宠爱，在他看来这样这种以"技艺"获得宠信的人只能是"小人惟所遇"。其次，韩愈自身在某些政治事件上也缺乏前瞻性和敏感度，比如他对宦官执掌兵权一事的看法就为大谬。从后世观点来看，永贞革新敢于勇夺宦官兵权，以消除宦官专权这一唐朝最大的弊病之一的行为当属

永贞党人最值得为人称道之处，但是这恰恰是韩愈所大力批判的。在他看来宦官典兵乃等同于"天子自将"，故而，王叔文等夺宦官兵权就是企图拥兵自重，是"诡谲""固权"的表现。王元启《读韩记疑》等就对此颇有微词。再次，韩愈对永贞党人的仇视也与他个人的私怨有一定的关系。后世学者中颇有一部分人认为，从《顺宗实录》的具体记载来看，韩愈本人对于永贞革新的不满很大一部分源于对于二王，韦执谊等人的不满。而这种不满，是与永贞党人执政期间对他的政治打压是有一定关系的。韩愈为人善笔傲物，桀骜不驯，对于王叔文等人的鄙夷之情溢于言表，自然少不了得罪二王的地方，再加之韩愈年轻时为谋官位也曾有为人不齿的历史，如《上宰相书》《潮州谢上表》《祭裴中丞文》《上李尚书书》等诗极力阿谀诌媚当朝权贵，以求举荐，历来遭人诟病，遗笑千古。更有巴结宦官，盛赞其"材雄德茂。荣耀宠光"（《送汴州监军俱文珍序》）的不良记录，这无疑不在让永贞党人从感情上也对其产生不满之情。加之韩愈《上李尚书书》先是极力摇尾乞怜，诌媚奉迎，得官后，又立时变脸将其一踩到底，一前一后，判若云泥之举也让永贞党人心存余悸。或许正是基于以上原因，在王叔文等人看来，韩愈不仅为人反复无常且不择手段，加之他历来对于自身的仇视态度，故而深以其为害，为防患于未然，找个由头设法把韩愈贬得远远的。后又在顺宗即位，大赦天下时，将其量移去江陵。韩愈为此事甚至迁怒柳宗元等人，一度怀疑自己的遭遇是因为此时颇为永贞党重用的柳宗元，刘禹锡等人卖友求荣所致，韩愈在其阳山之贬后的《赴江陵途中寄赠王二十补阙李十一拾遗李二十六员外翰林三学士》诗中即云：同官尽才俊，偏善柳与刘，或虑语言泄，传之落冤仇。二子不宜尔，将

疑断还不。（文说云：“或人谓公，恐是交结二子，平居疾恶之言，传及仇人，以成祸衅），不满之情可见一斑。严虞惇认为：“公与刘、柳相厚善，伾、叔文当国，刘、柳皆进用，而公仅量移江陵，意深恨之。故于《顺宗实录》深加诋訾。而《永贞行》及此诗（《赴江陵途中寄赠王二十补阙李十一拾遗李二十六员外翰林三学士》），皆直评而不讳。”韩愈对永贞党人持有偏见的第二点原因在于他对新贵们的嫉妒心理，韩愈早年虽然自视甚高，但仕途极为不顺，不仅屡试不第，而且十年谋官，好不容易官至监察御史却为官两月即被贬到了偏远广东作了阳山县令。此后更是一再宦海沉浮，到永贞革新时仅仅为江陵府掾曹，而出身颇为他所不齿的王叔文，王伾等人却已升任翰林学士，手握重权的他们甚至摆布了他的仕途。而同时入仕的柳宗元、刘禹锡等人虽然年龄上远小于自己，此时也是青云直上，叱咤风云。这种对革新党派急速升迁的强烈不满几乎弥漫于韩愈所有涉及永贞革新的作品之中，他的《永贞行》称革新党派为“小人乘时偷国柄”、“夜作诏书朝拜官，超资越序曾无难。”《顺宗实录》抨击其为“朋党喧哗，荣辱进退生于造次，惟其所欲，不拘程度”，甚至在写给柳宗元的墓志铭中都颇为愤愤的写到“子厚前时少年，勇于为人，不自贵重顾籍，谓功业可立就，故坐废退。”总而言之，正是由于对于二王等人的偏见和私愤，韩愈对于这场变革的态度并不算友好，指责讥讽二王，韦执仪等人的诗作更是数不胜数，《苦寒》《雪天赠张籍》《君子法天运》《昼月》《醉后》《东方半明》《射训狐》等即是此例，特别是在革新失败后所作的《永贞行》中，更是欲加之罪，极尽贬斥之能事。

　　然而，尽管有着诸多的不满，韩愈还是具有“才、学、识”

三长的良吏。在《顺宗实录》中，秉笔直录的记录了永贞革新的许多具体措施，如比较公正评价了陆贽、阳城、张玉福等人的忠义之行，如实记录了革新运动废除"宫市""羡余"等扰民乱民的恶习弊政和斗藩镇，废佞臣，夺兵权于宦官的具体措施，成为后世研究永贞革新运动珍贵的第一手资料。此外，虽然个人对执政党人颇有微词，但韩愈并没有完全抹杀永贞革新的政治功绩，他称改革派的很多措施为"善政"并记载了人民对新政的衷心拥护与热情赞扬，称新政实施后"人情大悦""百姓相聚欢呼大喜"。

正是由于韩愈性格中这公正耿直的一面，使得他与柳宗元虽然政见不同，但二人却可以求同存异，并不因此而对对方产生怨恨之情，或有对对方打压使绊的行为。相反，他们实事求是的去交流思想与学术，公正客观的评价对方的学识与为人，坦诚信任的与对方接触交往。以他们友情中最大的一次波折——韩愈阳山之贬的千秋公案为例，该事的直接导火索是韩愈《御史台上论天旱人饥状》和《论今年权停举选状》等一些言论中有言语不得体之处被他人作为攻击他的把柄。韩愈怀疑此事与刘柳二人有关也并非完全空穴来风，一方面退之疏言灾荒，为权臣李实所痛恨，而当时刘、柳曾为实撰文，与李实有连，因而退之疑此两友漏言于实。再次，韩愈与二王等人向来不睦，而他贬官不久永贞党人即开始执政，所以不能不怀疑是否阳山之贬就是永贞党人利用手中权力清除异己的结果。但是，虽然所有的矛头和身边亲朋的言论都指向了刘柳二人，但韩愈毕竟还是清醒的。冷静下来的他细思柳刘为人，认为他们品高学懋，同以天下为己任，三人之情胜于情亲，刘柳二人断不至此，故在怀疑"或虑（刘柳）语言泄，传之落冤雠"后又自断言"二子不宜尔，将疑断还不"语意十分

斩截，谓虽曾疑之，但旋敢断为决无此理也。事实上，韩愈的阳山之贬虽然现在已没有资料证明确非刘柳所致，但后代学者多有考证，已经多有证实。王鸣盛《蛾术编》："子厚《答许孟容书》：'与负罪者亲善，奇其能，谓可共立仁义。'叔文母《刘夫人墓铭》：'叔文坚明直亮，献可替否，利安之道，将施于人。'子厚心事光明如此，若云泄言冤仇，以卖其友，梦得亦不肯，况子厚耶？"，又章士钊《柳文指要》："伾、文初政，即追回放诸名流，退之亦在列，此子厚暗相推挹于其间，不难想见。至退之之贬，及幸臣李实者从而排挤，其时子厚之党并未当路。"赵绍祖《新旧唐书互证》也说：'疑刘、柳漏泄，当是与宗元、禹锡言王叔文之奸，而二子漏其语于叔文，遂为其所中也。'钊案：阳山之贬，乃叔文出山一年前事，叔文当时潜伏东宫，即其谏止太子言宫市事观之，可见是一异常谨慎之人，即令不喜退之，亦何至出头干预朝官之黜陟乎？此类猜测，终嫌不切实际。何况退之之黜，由忤李实而起，别见证据确凿乎？"，诸家考证都从不同角度证明了，事实确实如韩愈所判定的那样，阳山之贬与刘柳二人无关。而韩愈对于他们的信任和对于三人友情的坚持是十分正确的。当阳山之贬的风波过去，柳宗元漫长的贬谪生活迎来，韩柳二人又在漫长的岁月中，证实了他们的友情。十几年中，韩愈从不隐晦自己对柳宗元参与王叔文集团的不满，一直强调柳宗元不应以求宠于小人的方式换取自己仕途的功名利就。而柳宗元也没有勉强韩愈去接受自己的政见，他在贬谪期间虽然写了众多书信多方求助，哭诉，但一字也没有向此时已经是位高权重的韩愈陈述过自己的冤情与贬谪之苦，反过来，当韩愈在收到朝廷任命任其为比兵郎中兼史馆修撰，负责修撰国史的命令时，心中颇为矛盾，既想秉

承史家秉笔直书的传统，又怕触及皇权贵胄而惹祸上身，这种畏祸的心理应该是不能轻易向外人所道的，但是韩愈这时还是想起来自己的好朋友柳子厚，在最为矛盾踌躇之时寄希望于柳子帮自己做出这个艰难的决定。柳宗元也毫不客气，在给韩愈的回信中开门见山，直言"今乃见书藁，私心甚不喜"，并在接下来义正词严的指出："在其位，就必须要谋其政，像您这种拿着朝廷俸禄的人，就有责任去承担相应的职责和道义，哪怕是要为此付出生命，否则即是尸位素餐，应立即让出这个职位。"所说所议一阵见血，毫不留情。除此以外，他们还就佛学、为政思想，天人感应等等问题有过十分激烈的讨论，然而几十年间的文字交往，二人虽看法有异，却没有交恶可寻。在柳宗元去世时，韩愈的《柳子厚墓志铭》充分肯定了柳宗元一生的品行、学养和政绩，声情并茂，长歌当哭，成为韩愈众多墓志祭文中传颂千古的代表性作品，而这若非与墓主有着极为真挚深厚的感情是很难做到的。柳宗元亦把韩愈当成挚友，临终时特意嘱人让韩愈为其写作墓志铭，甚至于把自己的儿子托孤于韩愈，这无疑体现了柳子对韩愈的信任。

两个思想、政见、处事如此不同的人能在几十年尔虞我诈的宦海沉浮中保持住这样一份真挚深厚的友谊，千载之下，仍令我们惊叹与感动，而这就是这两位大儒先贤用人格为后人谱写的真实的神话。

(三) 吕温

相对于刘柳、韩柳之交，柳吕之交似乎对于世人来说显得要陌生很多。而实际上，吕温作为柳宗元的挚交，虽天不假年，英

年早逝，但他对于柳宗元一生的影响之深，以及二人友情之深厚却丝毫不逊于刘禹锡。吕温（771～811）字和叔，又字化光，唐河中（今永济市）人，唐代文学家与著名的法学家、法律实践者。吕、柳二人有着深厚情谊，柳宗元称"交吕平生意最亲"，又在吕温死后撰《祭吕衡州温文》《衡州刺史吕君诔》。因吕温的继母出自柳氏宗族，故而他与柳宗元相识很早。吕氏亦为钟鸣鼎食之家，祖父吕延之，官至越州刺史、浙江东道节度使。父吕渭，举进士，官至礼部侍郎，吕温兄弟四人皆美才，父子兄弟以文学并称，为世所美。吕温初时从学于其父，后又得名师指点，先后追从中唐著名的政治家、文学家陆质学习《春秋》，著名散文家梁肃学习为文之法。德宗贞元十四年（798）进士，次年又中博学宏词科，授集贤殿校书郎，这样就与柳宗元共同在集贤殿书院共同工作了两年。吕温为人特立独行，耿直率真，从不肯盲目从俗，思想活跃的他时常与柳宗元，刘禹锡等一干好友探讨治国为政之道，刘禹锡曾在《唐故衡州刺史吕君集序》回忆了当年他们激烈讨论的情景"与隽贤交，重气概，核名实，歙然以致君及物为大欲。每与其徒讲疑考要皇王富强之术、臣子忠孝之道，出入上下百千年间，诋诃角逐，叠发连中。得一善辄盱衡击节，扬袂顿足，信容得色，舞於眉端。以为桉是言，循是理，合乎心而气将之，昭昭然若揭日月而行，孰能阏其势而争夫光者乎？"一位意气风发，指点江山的极富学识与政治热情的青年朝官形象，呼之欲出。这样的交流与探讨对柳宗元思想的形成与立身行事之道的确立意义深远。作为陆质的弟子，吕温很大的影响了柳宗元对啖、赵、陆学派的认知，在他的影响下柳宗元不仅对陆质的思想有了感性上的认识，还在很认真研读过这一学派的著作后，使自己自幼积淀的儒家传

统思想得到了新的激活，使自己长久以来寻求的治国中兴之道有了认知。对此柳宗元自己也有论述，他在《祭吕衡州温文》中这样评价吕温对自己的影响："宗元幼虽好学，晚未闻道，泊乎获友君子，乃知适于中庸，削去邪杂，显陈直正，而为道不谬，兄实使然。"，把自己对中庸之道的终极理解和立身行事的合乎道义都归功于吕温，其对柳宗元一生影响之大可见一斑。吕温出色的政治、文学才能使他在长安的青年才俊中尤为耀眼夺目，他两科（进士科，博学鸿词科）连中，芒刃愈出。王叔文与德宗同时看好了这个年轻人，在王叔文的举荐下，唐德宗闻其名，亲自将其自集贤殿校书郎擢为左拾遗。贞元二十年夏，颇得朝廷重用的他以侍御史为入蕃副使，在吐蕃滞留经年。顺宗即位，王叔文用事，他虽因在蕃中，未能参与"永贞革新"。但仍为王叔文所倚重，是革新派重要成员。史籍所载王叔文党，吕温名字排列还颇为靠前。永贞革新失败后，吕温因奉使吐蕃而幸免遭贬。永贞元年（805）秋，使还，转户部员外郎。历司封员外郎、刑部郎中。但耿直倔强的他最终还是得罪了宰相李吉甫，贬道州刺史，后徙衡州，甚有政声。官场的浮沉不畅，加之永贞革新的失败，个人政治主张的不得践行极大的损伤了吕温的健康，吕温最终抑郁而终在衡州任上。宗元在祭文中痛悼他："志不得行，功不得施。……临江大哭，万事已矣!……君之卒，二州（指道州、衡州）之人哭者逾月。"（《故衡州刺史东平吕君诔》）

在柳宗元长安时期的交游之中，刘禹锡、吕温、韩愈等等还仅仅只是其中颇具代表性的一部分人物，在他的周围还团结着如崔群、韩泰、李景俭、李建、独孤申等众多朋友，他们无一不是年少有为的进士才俊与心怀天下的青年朝官，元和七年陆贽，元

和九年、十年顾少连皆以"文学之士"选士，李绛、崔群、韩愈、柳宗元、刘禹锡、元稹、欧阳詹等众多后世知名的政治家，文学家纷纷"由庶士而登司徒"（《与顾十郎书》），一时之间长安政坛人才云集，构成了这一时期文人官僚的主体，这几届科举所选拔出一批的人才，大多高度重视事功实践，心怀利国安民，改革中兴之志，以各自不同的方式对当时和以后的政治产生巨大影响，他们中更有很多成为实施朝政变革的积极分子。当这些青年才子在长安济济一堂，关于国事民生的讨论，涉及古今天下的交流则异常活跃与激烈，他们在这种交游中各抒己见，相互学习，积极的反思着时代的弊病，寻求着中兴的道路，开辟了众多的新思想、新观念。

四、弱冠同怀长者忧

在很多人看来，长安时期的柳宗元无疑是春风得意的，从集贤殿书院到蓝田县尉再到监察御史，一路走来，柳宗元的仕途之路似乎顺风顺水，步步高升。再加之响亮的文名和权贵的赏识，只要他继续循规蹈矩，一如既往的走下去，其前程必然是一片大好的。然而，柳宗元的反应却不非像大家所预想的那样，他眼中的现实是另一番景象：

> 及为蓝田尉，留府庭，旦暮走谒于大官堂下，与卒伍无别。居曹则俗吏满前，更说买卖，商算赢缩，又二年为此，度不能去，益学《老子》，（一无老子二字。）"和其光，同其尘"，虽自以为得，然已得号为轻薄人矣。
>
> ——《与杨诲之第二书》

可见置身于"大官"和"俗吏"之间的柳宗元是非常不满的，而这种不满既来自自身的现状，更来自于眼中朝廷百官的蝇营狗苟。应该说，当时身为蓝田县县尉的柳宗元在同批进士中职位已算是令人艳羡的了，而尸位素餐，以权谋私又是当时官场屡禁不止的长久作风，这并非柳宗元一个职位不高的青年官吏的责任所在。那他的不平之情又因何而生呢？这就应该从柳宗元年轻时的志向说起。

> 呜呼！始仆之志学也，甚自尊大，颇慕古之大有为者。汩没至今，自视缺然，知其不盈素望久矣。上之不能交诚明，达德行，延孔子之光烛于后来；次之未能励材能，兴功力，致大康于民，垂不灭之声。退乃伥伥于下列，占占于末位。偃仰骄矜，道人短长，不亦冒先圣之诛乎？固吾不得已耳，树势使然也。（一无"使"字。）谷梁子曰："心志既通，而名誉不闻，友之过也。"
>
> ——《答贡士元公瑾论仕进书》

从这段文字中，我们或许可以初步还原一个青年时代的柳宗元。他并非一个一心以功名富贵为终极人生追求的碌碌士子，一方面他自视甚高，一心想要追寻古代先贤和那些能够治国安民，创建伟业的治世能臣的足迹。另一方面，他志存高远，其读书治学的目的在于能学以致用，弘扬孔孟之道，造福百姓民生，树立高尚品德，从而达到传统儒家立德、立功、立言这"三不朽"的人生境界。而眼前这外人看来鲜花着锦，烈火油烹的仕途生活虽然衣食无忧，前程似锦，然而，却很难让柳宗元真正有施展自己

远大政治抱负的机会。事实上，他只能为朝廷撰写那些官样的无聊文章粉饰太平，为达官显贵捉刀代笔歌功颂德。这些都是为圣人所不齿的，但柳宗元却身不由己，别无选择。谷梁子说："既然心中早已明白了圣人之道，却没有能按照它去做而树德立名，是自身的过错。"基于这种思想，柳宗元是不可能仅仅满足于高官厚禄，释然于锦衣玉食的。

这种责任感和危机意识也同样存在于当时与柳宗元过从甚密的一批青年朋友身上。韩愈说："大丈夫文武忠孝，求士为国，不私于家。"（《送石处士序》），刘禹锡称自己："少年负志气，信道不从时"，吕温亦言："年益壮，志益大。遂拨去文章，与隽贤交，重气概，核名实，歊然以致君及物为大欲。"（《唐故衡州刺史吕君集纪》）正因为如此，他们都没像当时朝中众多官僚一样浑浑噩噩，得过且过，也没有像许多贵族子弟一样狎妓游乐，吟咏性情。而是每每"讲疑考要皇王富强之术、臣子忠孝之道，出入上下百千年间，诋诃角逐……"（同上），柳宗元在元和六年（公元 811 年）吕温去世时为其所作悼文中所写到的："君昔与余，讲德讨儒，时中之奥，希圣为徒。志存致君，笑咏唐虞。揭兹日月，以耀群愚。"（《唐故衡州刺史东平吕君诔》）的句子正是对当时这些年轻人指点江山，激昂义气的如实写照。

在当时的长安人眼中，这样一群年轻人无疑是天之骄子，少年英才，而同时未经宦海沉浮的他们又是幼稚而不够圆滑的，他们过于目下无尘，特立独行，故而显得有些桀骜不驯，目空无人。无形间，也得罪了很多同样位列朝纲之人，正如柳宗元在《与萧翰林俛书》中后来回忆到的那样：

　　吾年十七求进士，四年乃得举。二十四求博学宏词科，二年乃得仕。其间与常人为群辈数十百人。当时志气类足下，时遭讪骂诟辱，不为之面，则为之背。积八九年，日思摧其形，锄其气，虽甚自折挫，然已得号为狂疏人矣。

　　许多年后，当这些年轻人各自在漫长的岁月中为实现自己的理想而碰壁受挫，甚至为人所嫉妒打压时，或许他们会为自己当年的不成熟而感到遗憾，但更会为自己年少时的壮志凌云，峥嵘岁月而由衷骄傲。这些都是后话，在当下，正所谓"弱冠同怀长者忧"（《重答柳柳州》刘禹锡），虽然也许年少轻狂，虽然也许事不关己，柳宗元为首的这些青年才子们还是以极高的政治热情和时代责任感为真理和大道孜孜追寻，还是在长安自由的空气中自由热烈的高谈阔论着，他们就如何治国安民，致君尧舜这样的重大议题擦出很多耀眼的思想火花。

　　（一）关心时事正直理智

　　永贞革新前的柳宗元作为新进的青年官吏虽然按理来说更应步步为营，谨言慎行，然而，此时的柳宗元和他的朋友们却并不持这种噤若寒蝉的政治态度，相反，他们关心时事，积极参政。也正是因为如此，虽然情势之下，长安时期的柳宗元较多的是歌功颂德官样文章，但此时的他也不乏具有极高政治热情，闪烁着人格光芒的针对时事，缘事而发之作。

　　贞元十四年，太学生间发生了一次学潮，为的是请旨挽留被贬为道州刺史的阳城。二十七岁初登仕途，任集贤殿正字的柳宗

元为此事特作《与太学诸生喜诣阙留阳城司业书》。那么阳城是何许人也，为什么要被贬道州刺史呢？柳宗元又为什么要特作此文呢？这其中有着很是曲折的缘由。

阳城，字亢宗，唐代名臣，史上以直言敢谏，正直耿介而著称。当时因同情言事得罪的薛约被唐德宗认为有"包庇"之罪，故而将其从国子司业远贬为道州刺史。阳城在执政太学时，采取了一系列的措施狠抓学生德行与治学态度，在他的主持之下，长安太学的风貌有了很大的转变，故而在太学生中有着很高的威望。更何况薛约本自无罪，只因直言敢谏而触怒天威，故而德宗如此处置阳城，引起了太学生的极大不满，从而引发了由何蕃率领的二百余名太学生在阙下乞留阳城的学生运动。柳宗元此文正是由此缘事而发。面对学生与执政者的激烈冲突，柳宗元没有装聋作哑，更没为虎作伥，而是第一时间态度鲜明的站在太学生一边。作文对此事发表自己的看法。在文中他先是对阳城的为人和政绩给予了极高的评价，接着进一步指出阳城保全薛约，是尽为师之责，不应因此受到牵连。此外，柳宗元还冒着极大的政治风险公正的评价了这次学潮，他热情的赞扬学生们的行为是"奋志厉义，出乎千百年之表"并说其"服圣人遗教，居天子太学，可无愧矣。"并以东汉时二千太学生为嵇康请命这一典故含蓄的批评了当权者的刚愎自用，肯定了学生们的正义之行。然而，尤其难能可贵的是，在处理这件事的具体方式上，同样年轻的柳宗元并没有如太学生一样意气用事，他很理智的认识到，如果此事继续僵持不下，无论是对太学生还是阳城本人都将是有害无益的。就像柳宗元在文中所比的二千太学生为嵇康请命一事，史载，司马昭对于处死嵇康一事曾很是踟蹰，颇有惜才之意，但几千太学生的请命却适得其反，火上浇油。

恰恰让司马昭认同了钟会的谗言，认为嵇康好比一条卧龙，才能过人，又一呼百应，若他起而谋反，必将成为司马氏的心腹大患。遂下定决心，将嵇康斩首于洛阳建春门外牛马市。如今，德宗皇帝为人"猜忌刻薄，以强明自任，耻见屈于正论，而忘受欺于奸谀"，若太学生一意孤行，不仅是以卵击石，更可能让阳城重蹈嵇康覆辙。因而柳宗元的这一比喻实则机带双敲，一方面绵里藏针的使唐德宗认识到自己决定的倒行逆施，人心丧尽。另一方面也暗示太学生不可火上浇油，弄巧成拙。在文章的最后，柳宗元又为皇帝与太学生双方营造了一个台阶下，说另阳城出为道州刺史，也许更能发挥其政治才能，为善一方。这无疑是在发扬正气的前提下，审时度势做出的最为理性妥帖的解决方案。

（二）针砭时弊思想萌芽

如果说《与太学诸生喜诣阙留阳城司业书》中的柳宗元展现给我们的是一个正直，理智的青年儒者形象，那么在《辩侵伐论》《桐叶封弟辩》《观八骏图说》《种树郭橐驼传》《韦道安》《梓人传》《杨评事文集后序》《天爵论》等文章中，他则是进一步发挥了自己这种关心时事，积极参政的行为作风，并以自己对时事的仔细观察和深刻思考反思着现实，从而在针砭时弊的同时，生发出自己的种种认识与看法，初步形成了自己政治、哲学思想的萌芽。

中唐时期，宦官专权与藩镇割据是朝政腐败，民声载道的问题所在，也是摆在有识之士中兴之路上最大的障碍和亟待解决的症结，这一点，我们在第一章已有具体的叙述。对此，年轻的柳宗元分别作了《辩侵伐论》《韦道安》《晋文公问守原议》等文以抒发自己的情志，阐述自己的见解。在《韦道安》一诗中，柳

宗元以史公笔法为义士韦道安做传，笔力高绝、浓墨重彩的颂扬了义士韦道安既勇且义的到高尚道德节操和为坚决维护国家统一而的"举头自引刃"英雄行径。韦道安，唐德宗时徐、泗、濠节度使张建封的部属，张封建早年因在李希烈的叛乱中有战功，而官拜节度使。他为官耿介，不仅在国家分裂的局势下力挽狂澜，且在朝中也颇为直言敢谏，曾多次劝谏德宗废除宫市。韦道安因其反对分裂的行为符合自己的政治立场，故而仰慕其声名，于贞元十三年投奔其门下，接着随张封建去徐州赴任节度使。贞元十六年（公元 800 年）张建封卒，病中曾上表朝廷以病求代，接任者未到而建封卒。徐州军士数千人在其死后作乱，拥兵包围牙城，他们杀死了留后郑通诚和大将段伯熊等人，关押监军，劫持张建封子张愔主持军府，抗拒朝命。韦道安仅为部属，人微言轻，无力劝，愤而自杀。柳宗元极为钦佩韦道安这种以死抗议，拒绝朝命于乱军的死节之行，先后为其做了《曹文洽韦道安传》和《韦道安》诗，《传》已失传，仅存篇目，诗却保存了下来。本诗绝非仅仅是就事论事之作，而是很深的寄予了柳宗元的政治思想。正如在文章的最后，柳宗元所特意指出的那样："我歌非悼死，所悼时世情。"他之所以要讴歌颂扬义士韦道安，为的不仅是抒发自己由衷的崇敬之情让义士英明名垂千古，更是因为朝中大有偏安一隅，蝇营狗苟于一己之私而置国家安危于脑后之人，更有争权夺利拥兵自重的割据势力存在。作者对韦道安的颂扬未尝不是在无声的控诉批判这些在其位不谋其政的南郭先生之辈，未尝不是希望借此诗来唤醒那些盘踞一方的藩将诸侯们沉睡的良知与责任感，未尝不是希望在朝中树立起千千万万个"韦道安"，与自己一道为维护祖国统一，反对藩镇分裂而共同抛头颅洒热血，鞠躬

尽瘁，死而后已。德宗贞元十五年三月甲寅，又爆发了淮西节度使吴少诚的反叛，时为集贤院正字的柳宗元又紧着做了《辩侵伐论》一文，致力于从理性角度，对如何解决藩镇割据提出具体可行的行政策略。文中，柳宗元首先强调区别对待割据势力"贼贤害人则伐之，负固不服则侵之"。对于应"伐之"者，因其"危人之生而又害贤人者，内必弃于其人，外必弃于诸侯，从而后加伐焉，动必克矣"柳宗元认为应充分利用道义上的政治优势"立其礼，正其名，修其辞"以团结一切可以团结的力量共同讨伐，但要注意"诰誓征令不过其邻；虽大，不出所暴"即不盲目扩大打击面，这实际上是一种对割据势力分裂瓦解，各个击破的战略思想，具有很强的建设性，后来一代名臣李绛裴度等大抵就是按照这一思路完成削藩平叛的。这是作者基于朝廷"建中之乱"急功近利、倾巢而出、对敌我实力分析不足，以致弄巧成拙，和统治者平日刻薄寡恩恩泽不得惠及平民将士，以致倒戈逼宫之事发生的历史教训，经过深刻反思而得出的，一方面批评了唐德宗的军事冒进思想，要求"校德而后举，量力而后会"，具体的说就是"备三有余而以用其人：一曰义有余，二曰人力有余，三曰货食有余。"要求在师出有名，占领政治上的道义优势的基础上，更要有强大的经济军事实力作为基础，以及人民的支持和人力兵力的保证作为战争的依托。这无疑是以史为鉴的颇为成熟的军事见解。再次，文章还体现了柳宗元反　战爱民的人道主义思想，要求用德化教育和军事威慑在最大程度上代替兵戈相接，他认为"夫所谓侵之者，独以其负固（指占据险要地势）不服而壅王命也。内以保其人，外不犯于诸侯，其过恶不足暴于天下，致文告，修文德，而又不变，然后以师问焉"，即对于那些只是占据山川地势之

险而各自为政，不服从中央的政令而企图图建立国中之国的诸侯国，因其总体上并没有颠覆国家政权之野心，其国内百姓可以安居乐业，其邻国亦没有受到其骚扰与侵略，故不应莽撞的行兵讨伐，这一方面会给无辜的人民带来生灵涂炭之苦，更会使国家树敌过多，战线过长，导致兵力、财力的消耗和虚空。文章批评了好大喜功盲目好战的，"以无道而正无道者"，"以无道而正有道者"，"不增德而以遂威者"，认为他们的行为会最终导致"故世日乱。一变而至于战国，而生人耗矣。"，认为对于这样的诸侯国应尽量采取政治上的手段，先是发布政令严厉批评，再是修文举德从教化和道德感召上争取和平解决，若其仍然负隅顽抗，执迷不悟，再以出兵给予其军事上的威慑，只有在这些手段都无效果的前提下，才考虑发动战争。这种尽量降低战争带给人民的战乱之苦和生命财产损失的做法，是对儒家"仁政爱民"思想极大的拓展和延伸。在中唐，对于藩镇割据这一问题而言，虽然在实际行政中因畏惧既得利益受到损害，而主张采取偏安一隅的绥靖政策者颇多，但在公开的立场上朝中诸臣是异口同声公开反对藩镇割据的。然而对于宦官专权这个问题，因其极为敏感，却极少有人敢有所置喙。宦官专政的后果众所周知，早在东汉就已经有恶前车之鉴，但宦官依然能够作威作福，其原因正在于国家的最高统治者是任用宦官的最大支持者和宦官们最坚实的后盾。而皇帝宠幸宦官正是因为对文武百官的心存芥蒂，故而朝中文武一方面因身为当事者，为避免皇帝的猜疑而决口不言，一方面也因为德宗的刚愎自用而三缄其口。但身为青年官吏的柳宗元却敢冒此"天下之大不韪"，以借古讽今的手法写作了《晋文公问守原议》将矛头指向了皇帝本人，文中借批评晋文公选择封疆大吏这样重

大的国事不与朝臣公开讨论，广泛征集意见而仅在宫闱之内与宦官们策划计谋的做法，从而提出了宠信宦官乃"贼贤失政之端"。这是需要极大的胆量与勇气的。

柳宗元不仅在如何处理藩镇割据与宦官专政这样的国家大政方针上屡屡建言，更就许多具体的行政之道阐发了自己观察思考的结果。这主要体现于他的《种树郭橐驼传》《梓人传》《送宁国范明府诗序》《桐叶封弟辩》等文章中。首先，柳宗元阐明了他所认为的官民关系，即"为吏者，人役也"，这是他著名的民本主义思想，出自《送宁国范明府诗序》一文，这是一篇诗序，是为范传真赴宣州任宁国令送行而作。范传真本是京兆府管辖下的武功县的县尉，因武功县为都城畿县，故而这一职位不仅地位很高而且十分重要，是升迁之路理想的跳板。他在武功县为政三年，因"既有成绩，复于有司"故而被任命为宣州宁国令，官虽然是升了，但宣州远离京师，当时人们都认为他未得"美任"，因为从个人的得失来说，由京畿调任的，提任长安、万年二县的县令才是美差。但范传真却不这样看，他认为"仕之为美，利乎人之谓也"，官差美之与否不在于对为官者自身来说谋得私利多少，而在于是否能造福一方百姓，能为百姓谋利的差事，才是美差。为什么这么说呢？范传真又进一步解释到："夫为吏者，人役也。役于人而食其力，可无耶？今吾将致其慈爱礼节，而去其欺伪凌暴，以惠斯人，而后有其禄，庶可平吾心而不愧于色"，他认为，为官为吏者所得的俸禄来自百姓的辛苦劳作，故而百姓才是官吏的衣食父母，是官吏的主人，而官吏则是百姓的仆人应该为人民出力为人民服务。故而自己只有以慈爱礼节为人民铲除欺伪凌暴，使百姓受益，才能在领取俸禄时，心安理得面无愧色。柳宗元与范

传真本不相识，只是与其弟范传正同在京兆尹府中共事，但当他从范传正口中听闻范传真的嘉言懿行时，却深深的为这位素未谋面的陌生人的为政之道所倾倒，特为其诗集作《送宁国范明府诗序》以宣扬他所深以为是的范传真的为官理念——官者必须鞠躬尽瘁，为民谋福而绝不是高高在上，尸位素餐，奴役搜刮人民。那么，明确了"为吏者，人役也"知道了应该为民谋福的道理之后具体应该怎么做才能真正实现这一从政理念呢？柳宗元接着便在《种树郭橐驼传》《梓人传》《桐叶封弟辩》三篇文章中提出了一些具体的为政之道。在《种树郭橐驼传》中，他以种树能手郭橐驼因"顺木之天，以致其性"从而使自己经手之树，无论是种植还是移植都能枝繁叶茂，果实即早且多作喻，提出了治理天下也应顺人之性，遂人之欲的"养人之术"，并以此为理论基础，首先批判了时统治者"好烦其令"的扰民、伤民政策，主张为官不能从个人的喜好愿望和一己私欲出发去牧民，役民而应创造一种能令人民安心劳动、生活的社会条件，同时文章充分表达了对人民的同情，肯定了人民安居乐业，平静生活的正当欲望。处理了官吏如何治理人民的问题之后，柳宗元又对官吏如何辅佐君主提出了自己的看法，写作了《桐叶封弟辩》一文。桐叶封弟，典出《吕氏春秋·览部》卷十八〈审应览·重言〉。讲的是周公与周成王的故事，叔虞为周成王的胞弟，据说，某日年幼的周成王和弟弟叔虞作游戏，成王把一片桐树叶削成似玉圭的玩具送给了叔虞，说：我将拿这玉圭封你。叔虞很高兴，把这件事告诉了周公。当时，周成王初承王位，因年龄太小，故而由周公代理朝政。周公听闻此事后马上觐见成王，询问是否真有此事。成王解释说自己只是在和叔虞两人做游戏而已，而周公却认为天子无戏言说了就

要作数。最终在周公的坚持下成王把叔虞封在了晋地。在儒家的传统典籍中，周公是神圣不可侵犯的圣人，他们对桐叶封弟一事都是持肯定态度的，认为周公的做法教导了当权者应言而有信、谨言慎行，从而树立了君主的德信和威望。而对此，柳宗元却大胆的提出了自己不同的看法。他认为"天子"也可能有"未得其当"的时候，君主威望德行的树立，在于他为政如何而非对所谓"金口玉言"的讲究，所以君主最重要的是使其政令开明正确，而对于那些"未得其当"的言行，就是应该知错就改，且"虽十易之不为病"即为了使决策正确即使改上十次也不算毛病。这在某种程度上，是对唐德宗的刚愎自用提出的批评。柳宗元还在文中指出作为臣子，应该做的是以"道"辅佐君王，让他的决策合乎大道。故而辅臣对天子的错误言行，不应迎合迁就，更不应波助澜，甚至胁迫君主作坏事。诸如此事，难道"王以桐叶戏妇寺，亦将举而从之乎？"像周公这样"戏而必行之"的做法，是"成其不中之戏"是"逢其失而为之辞"是"教王遂过也"。这实则是柳宗元对当时决策层大臣一味助纣为虐，装聋作哑以谄媚德宗的行为发出的强烈声讨。后人对此文评价极高，谢枋得《文章轨范》卷二赞美其："七节转换，义理明莹，意味悠长。字字思，句句着意，无一句懈怠，亦子厚之文得意者。"吴楚材、吴调侯《古文观止》卷九则称其："前幅连设数层翻驳，后幅连下数层断案，俱以理胜，非尚口舌便便也。读之反复重叠愈不厌，如跳层峦，但见苍翠。"更有宗洛在《古文一隅》卷中感叹到："凡文章必须于接落过脉处见精褥神：文首段叙事，次段翻驳，末段断案，其段落次序易明。余最爱其辛王者之德'一段，接上生下，令文势停蓄，而血脉流贯，此最文蔓，有力量处。盖笔不流则滞，不流

则味便薄，此机与气之所以一二而……）也。惟留处有流，流处亦留，则神乎技矣。读此文中段悟。"所评之言极是。柳宗元还就贞元末年官乱职废的现象阐发了自己对于官员建制本身的思考，这就是他著名的《梓人传》，在这篇文章中，柳宗元着重论述朝中分工不同，应选贤任能，使各级官员各尽其能，各司其职共创大业的政治主张。在这篇文章中，作者把治国比作做木匠指挥手下的匠人盖房子的过程。认为，诸如宰相一类的高级决策者就如在建造房屋时充当总设计师的"梓人"，梓人"舍其手艺，专其心智"专心于"度材，视栋宇之制，高深、园方、短长之宜""指使群工役焉"，所以才能出色的指挥手下诸匠发挥各自的作用通力合作，按手中的房屋设计蓝图分毫不差的建造出宏伟的房屋。为相之道也是同样，只有"不矜名，不亲小劳，不侵众官，日与天下之英才讨其大经"专心于自己的本职工作去"条其纲纪而盈缩焉，齐其法制而整顿焉"致力于规划朝纲、整顿法治，而后"择天下之士，使称其职；居天之人，使安其业"才能"相道得而万国理矣"。其实，虽然柳宗元强调本文所讲的是"为相之道"，但它的实际指导意义却远远不仅仅局限于宰相这一个官职。因为从皇帝到文武百官都是肩负着一定类似于宰相的职责的指挥决策者，他们不仅要指挥手下的官吏、人民共同完成各项政令方针，还要知人识人，合理的选拔和安排人才。故而，不矜功，不越权，选贤任能，有舍有得精于自己本职工作这些理论同样适用于皇帝和其它文武百官。贞元末，朝政积弊很深，德宗李适本人不任宰相，亲躬琐事，连县令也要自己任命，自负多疑，刚愎自用；官员们亲任奸佞，妒贤害能，越俎代庖，争名夺利。致使官乱职废，责任模糊，物不得其用，人不得其职，朝廷纲纪废驰，法治不行。所以，柳

宗元的这些理论在当时是具有很强的批判性和现实意义的。

　　除了在政治思想上的颇见雏形，长安时期的柳宗元在其哲学思想上也初有建树。这主要表现在其《观八骏图说》《断刑论》《时令论》等表现出一分为二的辩证思维和天人相分的唯物主义思想的作品中。

　　从某种程度上来说，柳宗元是时代的先驱者更是传统的叛逆者，他笃信儒家思想，崇敬上古先贤，却从不肯人云亦云，盲目的接受所谓经典中所宣扬的圣人之言。而是用自己的眼睛去观察，自己的大脑去思考，既有所继承又有所扬弃。柳宗元"颇慕古之大有为者"，一生致力于"延孔子之光烛于后来"《答贡士元公瑾论仕进书》，但是却不是盲目膜拜，五体投地于圣人神秘的光圈之下，他在《观八骏图说》中认为："今夫人，有不足为负贩者，有不足为吏者，有不足为士大夫者，有足为者。视之，圆首横目，食谷而饱肉，絺而清，裘而燠，一也。推是而至于圣，亦类也。然则伏羲氏、女娲氏、孔子氏，是亦人而已矣。"即虽然人有品德能力的高低上下，但是，无论是圣人还是常人，他们都是"人"而不是"神"，都是一样的血肉之躯，都有一样的七情六欲。从而得出潜在的结论，即人本无高低贵贱之分，"人人皆可以成尧舜"重要的是修身立德，行圣人之道。并告诫为政者，"慕圣人者，不求之人，而必若牛、若蛇、若倛头之问。故终不能有得于圣人也。诚使天下有是图者，举而焚之，则骏马与圣人出矣！"认为圣人存在于常人之中，只有彻底打破对圣人光环的膜拜，以尊重圣人的态度去尊重别人、发掘别人的优点，"不拘一格降人才"，才能成为伯乐，在芸芸众生中找到真正的圣人。这种既看到圣人存在巨大社会作用的特殊性，又看到其具有不异于常人的普遍性的

辩证统一的观点，在一千二百多年前泥古崇古思潮澎湃的封建社会，是十分难能可贵的。

《时令论》是用以批驳《月令》的，《月令》篇出之《礼记》，而礼记也是传统儒家的经典之作。它按照一个 12 个月的时令，分别记述政府的的祭祀礼仪、职务、法令、禁令。是描述四季物候和农耕生活的先秦文本。它在一定观察和经验的基础上，把农耕、社会生活与天文历法相结合，参照气象物象、自然景物的具体情况来安排政治、农耕生活，从而达到应时得宜，让人类提前做好生产生活的准备。利于人，备于事。应该说这其中确实有很多值得借鉴遵从之处。但是，随着"天人感应"这种思维模式的渗入，《月令》亦把这种社会生活与天文历法的结合归纳到五行相生的系统中，从而将其神秘化，神圣化，成为了长期以来统治者们不敢有丝毫质疑的金科玉律。衍生出认为这是圣人之言，如果不加以遵从就会遭到报应祸患的迷信思想。因而不仅严格的按照《月令》中的记载，刻板的安排社会生活计划，而且每行事，总有繁杂浪费的牲牢酒醴作为礼仪形式。柳宗元的《时令论》正是基于这一背景加以写作的，对《月令》进行了一分为二的理解与接受。柳宗元认为"凡政令之作，有俟时而行之者，有不俟时而行之者。"需要按时令而行者，有春天修水利，夏季除草施肥，上秋种麦蓄菜，入冬修仓习武；不需要等待时令而行者，有选才任贤，审判案子，修改法令，抚恤孤寡，经商买卖等等。而《月令》里规定，孟春不能做"变天之道，绝地之理，乱人之纪"的事，季春不能"作淫巧以荡上心"。柳宗元反问到：难道其他季节就可以做这些的事吗？而取仁义礼智信之事，也要刻板的附于《月令》，不在其时即不能行其事，柳宗元批评这种做法为："立大中，去大惑，

舍是而曰圣人之道，吾未信也。"故而，柳宗元在肯定了《月令》合理内容的同时，指出其中亦有因为时代认识局限或时代发展变化而产生的不合理因素，而这是应该且必须加以扬弃和改革的。对所谓违反反时令会遭各种天灾人祸，以至寇戎来掠，"兵革并起、道路不通、边境不宁、土地分裂、四鄙入堡、流亡迁徙之变"的说法，柳宗元说：这都是"瞽史之语，非出于圣人者也"，大胆的撕下其"圣人之语"的神圣外衣，指出其荒诞不经的客观本质。柳子在文章的最后发誓说如果真有天人感应，真会不合乎《月令》就要遭受祸患，那么"用吾子之说罪我者，虽穷万世，吾无憾焉尔!"，其唯物主义者的义无反顾的勇气和胆识，刺透纸背。《断刑论》延展了《时令论》的论说，指出勉强迁就时令，只讲天命而不讲人事的执行刑法，秋冬做了好事，要等到春夏才奖赏，而春夏犯了法，要等到秋冬才惩罚，这只会使做好事的人怠慢消极了，做坏事的人逍遥法外了，是在驱使天下人犯罪。只有即时刑赏，才能"驱天下之人而从善远罪也"。这实际上也是在宣传一种破除盲目迷信，而遵从客观事实规律的唯物主义思想。

（三）政治体系改革滥觞

正如柳宗元在《断刑论》中所说的"谋之人心以熟吾道"那样，柳宗元之所以著文立作以"谋之人心"去致力于研究引导人们的心理和想法，其最终的目的是在于"以熟吾道"，即引导人了解和遵奉他所主张的思想和道义。随着他自己对朝政吏治的观察思索和自己思想体系的初步形成，一向主张经世致用的柳宗元的胸中也渐渐勾勒出了按照自己的认识和思想所构建出的为政体系，而这亦是他日后革新朝政的蓝图和方向，从这个意义上来讲，长

安时期柳宗元这些论述哲学思想、吏治改革的文章恰恰是为政治革新做理论准备的。

首先，基于对藩镇割据和宦官专权的隐患的认识，柳宗元认为应改变朝廷对于藩镇的绥靖政策，在道义、财力、人力三方面作以充足的准备，攻伐结合，抑制藩镇。宦官属于宫闱私臣，为防政治腐败，陷害忠良之祸端，其坚决不得参与朝政。这两点，在以后永贞革新对待藩镇和宦官的态度与措施上均有体现。

其次，基于其仁民爱物的思想，坚决要求杜绝扰民、害民的苛政弊政，指出了为政的根本道理是符合"生人之意"，即是让老百姓休养生息，安居乐业，故而要求营造相对平和的社会生活环境。也正因为如此，日后的永贞革新中才出现了诸如废除宫市、遣散解放剩余宫人的做法，和他所谓的"其道以生人为主，以尧、舜为的"（《唐故给事中皇太子侍读陆文通先生墓表》）的政治主张。此外，柳宗元还深刻的认识到了人民的价值和力量。从而进一步肯定发扬了"人人皆可以为尧舜"的儒家传统学术命题，主张兴教化，正所谓"与其给于供备，孰若安于化导"以德服人，以德治民，德法双修尽量避免刑狱。并用道德力量政治手段来减少战争发生的数量以保证人民的生命财产免受战争的荼毒。

再次，基于其唯物主义的认识观，柳宗元消除了对于所谓圣贤的盲目崇拜和神秘化的宣扬，继而柳宗元提出了"顺时之得天，不如顺人顺道之得天"的为政之道。要求从具体客观的社会生活实际出发去制定国家的大政方针，而不是固守于所谓的圣人之说或是上古经典。

最为重要的是，正如其《梓人传》中所讲的那样，柳宗元在官员队伍的建设上要求各级官员各尽其能，各司其职。这一点在

日后的政治改革中被衍生为崇贤尚功、唯才是举。只要是贤者不管其门第出身，都应得到与才能相对应的官职并在此基础上充分发挥自己的才能。正因为如此，柳宗元虽是河东大族出身，但是却在永贞革新中充分的认识到庶族背景，以书仕棋仕出身的二王的政治才能并尊重其政治上的正确决策，成为二王坚强有力的同志与战友。并提出所谓的："贱防贵，远间亲，新间旧"（即从择嗣之道看，若贱者为圣为贤。则贱妨贵是理所当然。从任用之道看，若远者为圣为贤，则远间亲新间旧是理所当然）从而反对任人唯亲主张不拘一格降人才，在官吏的任免上，认为应有德有才者居之，无德无才尸位素餐甚至是为患一方，鱼肉百姓者要坚决的予以罢免和惩处，坚决维护人民的利益。故而，在永贞革新中，罢免废除贪官污吏多人，即使是出身王族的也在其中，与此同时又相应的又启用了一大批各有所长的朝中官吏和老臣。后世史学家在评价这场运动的性质时，较多的看到了这一点。王芸生认为："在政治斗争上，二王八司马的政治革新运动与宦官藩镇旧势力的利害冲突，都是主要矛盾，那是代表庶族地主阶层的新兴政治集团与代表豪族地主阶层的封建势力之间的一场剧烈的斗争。"韩国磐认为："在当时主张改革、要求进步的，大都是代表或出身于庶族地主。""永贞革新的这些措施，打击了当时的方镇割据势力、专横的宦官和守旧复古的大士族大官僚。"即是此例。

五、永贞革新

柳宗元有一篇很有名的文章叫做《伊尹五就桀赞》，讨论的是儒家重要的圣人伊尹为救人民于战火五度归附于暴君夏桀的事。柳宗元不仅在文章中赞美伊尹，更在行动上追从着先贤的足迹。

在他的思想中，时时不忘人民的忧患，一生致力于"利安人人"。中唐时期的社会已是弊病百出，民生多艰了，这一点我们在第一章中已有过详细论述。面对这种时代的大背景，柳宗元渴望有所作为尽快的解救人民苦难的愿望一如他文中所热情称赞的伊尹。所以当现实的种种与他理想中所勾勒的政治蓝图和政治主张形成鲜明的发差与对比之时，柳宗元逐渐的形成了改革维新的要求。

（一）先贤们的足迹

事实上，早在柳宗元之前，中唐社会中奔走呼号于王朝中兴的有识之士就很多。壮志不已，重建盛世的中兴思潮在当时此起彼伏，也随之涌现出了一大批能臣志士。在他们的不懈努力之下，中唐　社会也　实施了很多卓有成效的改革之举。比较著名的有刘晏（公元718至780年，曹州南华,今山东东明人，字士安。）杨炎（公元727年至781年，天兴，今陕西凤翔人，字公南）等。他们主要致力于国家财政的调整与改革，分别施行了改良漕运、改进盐法、平抑物价和两税法、量出制入，分管财政等一系列措施。开源节流，发展生产的财政政策有效地扭转了安史之乱后唐朝经济的低迷萧条状态。经济的发展对巩固唐王朝的统治意义重大，不仅有效的改善了民生，更为军事、政治上的一系列举措提供了强有力的支持和依托，极大的树立了朝廷威势和人们中兴的希望。到了唐德宗时，名臣陆贽登上了政治舞台，他忠贞耿介的人臣之道，大刀阔斧的政治活动对柳宗元直接产生极大的影响。

陆贽（754～805），字敬舆，唐代苏州嘉兴人。是唐德宗时期重要的政治家改革家，唐代宗大历八年（公元773年），十八岁的陆贽进士及第，后又中中制举博学宏词科，凭借出色的政治才能

历任郑县尉、渭南县主簿、监察卸史等职，声名远播。到了唐德宗即位之时，立召陆贽为翰林学士，很快建中之乱开始，信誓旦旦的德宗皇帝在军事上盲目冒进，几乎投入朝中全部兵力分赴前线与朱滔、李希烈展开对决，直接导致了长安守备的空虚和居民沉重的战争负担。敏锐的陆贽很快认识到形势的严峻，建议缩短战线，回调兵力，安抚人心以免长安生变，德宗不听，结果很快爆发了泾卒之变，自此朝中无不称赞陆贽的政治军事远见，德宗也自此对陆贽刮目相看，颇为倚重。在建中之乱的纷繁复杂的政治形势下，陆贽的政治才能得到了极大的展示。成为德宗须臾不可离开的重要谋臣，当时许多决策制诰均出自陆贽之手，《权载之文集·补刻·陆贽翰苑集序》这样记载到"德宗皇帝……召对翰林，即日为学士，由祠部员外转考功郎中。朱泚之乱，从幸奉天。时车驾播迁，诏书旁午，公洒翰即成……无不曲尽事情，中于机会。"陆贽决策拟诏倚马可待文书却清晰准确，言不虚发，处事更能审时度势，权衡利弊，极为妥帖。就如他一手策划并代德宗所拟的著名的罪己诏，此书一出据《资治通鉴》载："赦下，四方人大悦。及上还长安明年，李抱真入朝为上言：'山东宣布赦书，士卒皆感泣，见人情如此，知贼不足平也！'动乱之中陆贽虽名为翰林学士却实有宰相之功绩威望。然而好景不长，德宗为人敏感多疑又刚愎自用，患难的岁月一旦过去，便被奸佞之臣迷惑利用。当宰相窦参等人嫉贤妒能，百般诋毁之时，陆贽却为不负圣恩，夙兴夜寐，绞尽脑汁，忙着多次上疏直谏并大刀阔斧的实行一系列改革。他一方面"养人资国"恢复经济，另一方面治军屯粮，反贪择才，整顿吏治发展军事。耿直的陆贽尽管深知德宗的品性和奸臣的诽谤，但还是为救国救民，坚持自己的政治主张频频直

言敢谏，他目下无尘目睹窦参的不法行为就要参奏弹劾。他为将士能在战场更好的把握战机一再进言德宗"将贵专谋，兵以奇胜，军机遥制则失变，是以古之贤君选将，而任分之于阃，誓莫于也，授之以钺，俾专断也"，这些政治主张在今天看来虽然是极为正确的，但是在敏感的德宗看来却是疏远陆贽的理由。很快，陆贽被罢翰林学士，为兵部侍郎。然而，陆贽还是极力的提携后进，选拔能士，为日后的革新培养力量，在他的主持之下，该年科考选拔出大量人才，史载其"升第之日，虽众望不惬，然一岁选士，才十四五，数年之内，居台省清近者十余人。"其所选之人，不拘一格唯才是举，皆为人中龙凤，时人称其年进士榜为"龙虎榜"。后来窦参获罪被贬，陆贽始为中书侍郎同平章事。虽居相位，但其所谏诸如中央诸机构属官由其长官各自推举，不必由宰相选择；均节赋税，主张两税以布帛为额，不计钱数等等建议，唐德宗张"虽嘉之"而"不能用"，"爱重其言"而"不从"，"虽貌从"而"心颇不悦"，加之陆贽后来仗义执言，参奏裴延龄罪行与其交恶，裴遂抓住德宗多疑这一性格特点，反而诬陷陆贽与张滂、李充等联合动摇军心。德宗终于贞元十年罢陆贽知政事，为太子宾客，又于贞元十一年春复贬忠州别驾这样，此后十年，陆贽闭门不出，顺宗即位后，永贞党人立意改革第一个想到的就是要任用陆贽，然而，诏书未至，陆贽已死于忠州贬所。

陆贽的政见虽然有很多没有最终被实现，但是他的高迈之行却激励坚定了有识之士的信念，他的改革之道却给当时苦苦寻求于中兴之路上的迷茫士子指明了方向，他的诸多政治主张已成为一种理念深入人心。柳宗元对于陆贽更是尤为敬仰，早在贞元八年时，因卢氏财产案得罪权臣窦参贬夔州的柳镇就是因为陆贽任

宰相才为其主持了公道，也正是因为窦参的倒台和柳镇的平反，当地才敢于把柳宗元被选为乡贡，使其得以参加进士科考试。在科考中陆贽又十分属意父刚且直，且个人文采出众的柳宗元，从某种意义上说，柳宗元次年便可进士及第也和陆贽有很大的关系。年轻时对于陆贽官品的敬仰和知遇之恩的感念使柳宗元对于陆贽和他的学说进行过很深入的研究，宋代大文豪苏轼评价陆贽的文章"论深切于事情"，又评价他的政治素养为"智如子房而文则过，辩如贾谊而术不疏，上以格君心之非，下以通天下之志，使德宗尽用其言，则贞观可得而复"，而柳宗元恰恰在这两方面继承了陆贽的衣钵，陆贽对于公文骈文的改革很大的启发了柳宗元日后"古文运动"的思想理念，而他的诸多政治改革主张则直接成为了柳宗元永贞革新的理论基础和为政方向。

（二）二王刘柳

贞元二十一年（公元 805 年），64 岁的唐德宗病逝于宫中，结束了他 26 年的在位生涯。经过了宫廷内一番尖锐激烈的斗争，一位特殊的皇太子终于即位，他就是唐顺宗李诵。

顺宗的特殊之处就在于，这位皇帝在登基之前已经做了整整 25 年的皇太子，而在其登基之时却已经患上了严重的中风，不仅行动不便而且口不能言。可是尽管如此，顺宗却绝非一位甘于平庸的君主，顺宗经历过建中之乱战火的洗礼，切身感受了父亲唐德宗的刚愎自用，敏感多疑（顺宗皇太子妃萧妃为郜国公主是肃宗之女，其母郜国公主被告行厌胜巫蛊之术，触怒德宗，德宗认为此事与太子难脱干系，萌动废太子之念，因宰相老臣李泌冒死劝阻才保住太子之位。郜国公主被德宗幽禁，皇太子妃萧氏也被

杀）又亲眼目睹了德宗统治下"好以辩给取人，不得敦实之士；艰于进用，群材滞淹。"（《资治通鉴》）的混乱朝纲，故而，早在为太子之时就对朝政颇有不满之处，只是因为德宗性猜忌，才不得不三缄其口，韬光养晦，但尽管如此，本着谨言慎行原则的顺宗还是有进言德宗的言的记录，比较重要的一次是在裴延龄陷害陆贽阳城等人一事上的仗义执言，"陆贽由太子宾客被贬为忠州别驾。裴延龄又谮京兆尹李充、卫尉卿张滂等皆党附于贽，李充出为涪州长史，张滂为汀州长史。阳城时为谏议大夫，闻，即上疏论裴延龄奸佞，陆贽等无罪。德宗不听。"（见《旧唐书·德宗纪》下）又《通鉴》卷二三五："阳城联络拾王仲舒等上疏，上大怒，欲加城等罪。太子为之营救，上意乃解，令宰相谕谕之。于是金吾将军张万福闻谏官伏阁谏，趋往至延英门，大言贺曰：'朝廷有臣，天下必太平矣！'遂遍拜城与仲舒等，已而连呼：'太平万岁！太平万岁！'万福，武人，年八十余，自此名重天下。"顺宗为太子之位长，而德宗多猜忌，故而一再小心翼翼，史载他曾侍宴鱼藻宫。宴会当中，陶醉于丝足笙歌的德宗问其感受顺宗竟不敢正面作答，但尽管如此，他却仍然在关键的问题上挺身而出，力挽狂澜，故而韩愈评价其为天子期间"天下阴受其赐"是不过分的。史书评价他"慈孝宽大，仁而善断"，总之不满朝政颇有大志的李诵其实早已暗暗秣马厉兵立志有朝一日一扫弊政实现中兴。

　　正因为如此，早在顺宗为太子期间，在他的身边便已经凝聚起一个以王叔文，王伾等人为中心的，志在改革的队伍，他们渴望着振兴国家，大展宏图，柳宗元便是其中的一个。现在，德宗已死，顺宗终于登上宝座，这批队伍马上在顺宗的支持之下行动起来，为实现自己的政治理想而奋斗，著名的永贞革新开始了。

　　永贞革新的革新核心主要是所谓的"二王刘柳"势力集团，二王分指王叔文，王伾，柳刘分指刘禹锡与柳宗元。对于刘柳人们比较熟悉，二王就相对陌生许多了，这里有必要加以介绍。王叔文，唐越州山阴人(今绍兴人)，唐代著名政治改革家。生于唐天宝十二年（公元753年）一生中历任苏州司功、太子李诵侍读、翰林学士、兼任度支及诸道盐铁转运副使、户部侍郎、渝州司户参军，从这职位表中我们可以发现，他的晋升是跳跃式的发展，其官居下聊与平步青云是以顺宗的登基为转折点的，那么唐顺宗为什么会这样看重王叔文呢。这还要从他担任太子李诵的侍读时的一件事说起。王叔文的出身并不高贵，也不是正统的科举取士而进入仕途，他最初善得以进入权力圈子是因其善围棋而担任太子李诵的侍读，说白了就是一介弄臣，是陪太子下棋娱乐的，然而王叔文却凭借着自己丰富的社会经验和在民间见闻频频，"常为太子言民间疾苦"，李诵渐渐从他的言论中认识到这是一个不一般的人物。一次，他们论政涉及到宫市之失，李诵向来对此事深恶痛绝，谈到激动之处便要向德宗进谏，身边的人当时无不赞同，唯独王叔文沉默不语。李诵注意到了这一点，便在群臣退后特意向其询问缘由，王叔文回答道"太子事从皇帝职责只应至于关心饮食龙体，不便言及政事。需知陛下久居太子之位，是一国储君，您如果急于用事，很可能被怀疑是收买人心，企图取代皇帝，到时岂不百口莫辩。"此言一出，太子恍然大悟，史书载其："因泣曰：'非先生，寡人何以知此!'"，叔文至此深获太子喜爱。王伾的经历与王叔文很像，他是杭州人，因善书法而侍读东宫，与叔文交好并取得了太子的信任，也成为永贞革新的重要人物。柳宗元因为朋友刘禹锡吕温等的关系很早便与王叔文等有所交往，柳

子厚虽出身望族，眼界甚高不肯轻易许人，但相同的政治见解把他们联系在了一起。此外，王叔文等人的政治见解加之太子李诵的后台使得他逐渐团结到朝中的很多官吏，逐渐形成了以"二王"指（王伾、王叔文），"八司马"指（韦执谊、韩泰、陈谏、柳宗元、刘禹锡、韩晔、凌准、程异）等为中心的政治革新集团。

顺宗即位后，虽然自己患病不能出面谋事，但他马上重用了二王八司马，让他们着手改革朝政，在顺宗支持之下，王叔文，柳宗元等人知难而进，置个人安危于不顾，大刀阔斧的在长安兴起了轰轰烈烈的一系列改革运动。

其一、整顿弊制

秉承着陆贽改革中的民本思想，永贞革进一步沿着前人的足迹把他们没有能够付诸实践的政策落实到实处又加以发挥和补充，做了许多有益于人民的实事。他们先是废除了臭名昭著的宫市。早在白居易的《卖炭翁》中，就描述过其给人民造成的巨大负担，到了中唐时期，更是出现了五坊小儿，他们借豢养猛禽及猎犬以备皇帝打猎所用之名，时常敲诈勒索百姓，他们把罗网张于百姓门上，井上，不许人出入汲水者。遇到百姓讲理就以"汝惊供奉鸟雀！"之名痛殴之，逼迫其出钱出物，才撤网走人。或是在市井大吃大喝，百姓如果敢问他们要钱就会被殴打斥骂，并被留下一囊毒蛇为抵押，还以因此蛇为为皇帝捕鸟之用而要求百姓好生伺候，所以百姓们只好求饶作罢。顺宗在太子之位时就对此有所耳闻且深恶痛绝，"故即位首禁之"。处理宫市后，永贞党人马不停蹄，放出宫女300人、教坊女乐600人还家使其与家人团聚，一时民心大悦。紧接着他们又进一步惩除贪鄙，任用用贤能，先是贬斥了横征暴敛，逼得人们拆屋抵税的宗室李实，又重用老臣杜

佑执掌财政，摄冢宰，并兼度支及诸道盐铁转运使，又召回被贬贤臣郑余庆，在他们和永贞党人的共同努力之下，免除了百姓积欠的租赋课税，并规定全国按两税法交纳正税除此之外不得再有其他巧立名目之项。又叫停了搜刮民脂民膏以谄媚皇室邀功自肥的地方盐铁使的"月进"，规定"不得别进钱物"，就此把陆贽改革中减免苛捐杂税的美好愿望终于付诸实际，这种体恤百姓，为民谋福的善政让长安百姓"人情大悦"。

其二、抑制藩镇

藩镇的弊病由来已久，尾大不掉，短时间内革新党人虽不能动摇其根基，但还是表现出抑制藩镇的意识所在。浙西观察使李锜，兼任诸道转运盐铁使，他"盐铁之利，积于私室"极力进献于德宗，进而恃宠而骄，甚至凭借着长期贪污的盐铁税款招兵买马蓄意谋反。王叔文当政后，很快认识到野心勃勃的李锜扼守着南北大运河与长江交汇处的交通要塞，若再把盐铁转运之职中饱囊中则实际上控制了整个东南地区的财源，必然是国家安定的潜在威胁，故而免去其罢去他转运盐铁使一职。顺宗即位之初，剑南节度使，检校太尉韦皋派遣亲信刘辟来京拜谒王叔文，企图以令其"尽领剑南"（剑南，指四川，其正常的管辖之地仅限于成都一地）为条件支持新政，并威胁到"公使私于君，请尽领剑南，则惟君之报。不然，惟君之怨。"（《新唐书《韦皋传》），这种以国家利益为交换的政治投机让王叔文勃然大怒，几度欲斩刘辟，刘辟黯然遁去。

其三、打击宦官

宦官到了中唐时期已经是不可忽视的一股政治力量，这一点在第一章已经有叙述，唐顺宗对于宦官专政的态度是不太友好的，

因此早在德宗逝世，顺宗即位一事上，宦官便以顺宗有疾为名从中阻挠，只是因为其众望所归，诸臣以嫡长子继承之天规祖制加之人心所向为由据理力争才得以让顺宗即位。故而，改革打击宦官势力势在必行。革新党人先是裁减宫中闲杂人员，又停发内侍郭忠政等19人俸钱，紧接着就把矛头直指宦官手中最为养虎成患的兵权。宦官虽在这场改革中屡受打击，频频反扑，但这一举措才是这次革新最为果敢关键的一步，也促成了革新派与宦官正面交锋的生死之战。革新派任用老将范希朝出任中央禁军的统帅——京西神策诸军节度使，兵部侍郎韩泰为神策行营行军司马。力争从任免、奖惩、后勤的实权的控制上进而夺取宦官兵权，宦官发现王叔文在夺取他们的兵权，立刻认识到事态的严峻性，惊叹："从其谋，吾属必死其手"，故而竭力反扑，密令使者告诉诸将不得交出兵权，当范希朝至奉天，诸将无一人到场接旨。面对这样的情况，王叔文等也是一筹莫展，唯曰："奈何！奈何！"

永贞革新的真正时间虽然只有短短的半年多，但是它所实行的政治措施却是涉及广泛，雷厉风行的。柳宗元等人秉承着为国为民的为政理念，大胆切实的办了很多实事、大事，清代王鸣（《十七史商榷》）即评价其为"改革积弊，加惠穷民，自天宝以至贞元，少有及此者"然而也正如王鸣所说"叔文行政，上利于国，下利于民，独不利于弄权之阉宦，跋扈之强藩"，这场政治运动在为国为民的同时，触及了太多达官显宦的既得利益，因而招致他们的竭力反扑和疯狂打击，永贞党人此时或许并不知道，正是因为这场"许国不复为身谋"的政治革新运动，一场巨大的政治灾难正向他们袭来。

（三）八司马事件

　　永贞革新的政策虽是"人情大悦""百姓相聚大呼欢喜"
（《永贞实录》）的，但是从政治斗争的角度来讲，这场变革本身就
具有很多先天的不足因素，是难于长久的。从改革派的内部来讲，
他们大多来自低级官僚士大夫，二王出身翰林待诏，属于伎艺方
术之流，不同于世族出身的翰林学士，刘禹锡、柳宗元、程异，
仅官监察御史；韦执谊，仅官吏部郎中；凌准，仅官侍御史；韩
泰，仅官户部郎中；韩晔、陈谏，史书不记当时任官，职位显然
更低。虽然他们锐意进取，才能卓越，然有笔无锋，因资历尚浅
很难服众，反而因为行事果敢，忽步青云而受到了所谓"专权"、
"小人乘时偷国柄"的猜疑和诬陷。朝中虽不乏企图政治投机之
人，但是正如柳宗元很多年后回忆到的那样，虽然是"排门填户"
却由于永贞党人的坚持原则而"百不得一"，无形间得罪了很多
人。当然鉴于改革的需要，永贞党人也不拘一格的选任了很多能
人志士，这让那些没有得到利益的朝官更为眼红，说这是"（永贞
党人）荣辱进退，生于造次，惟其所欲，不拘程式。士大夫畏之，
道路以目。"（（《资治通鉴》）"夜作诏书朝拜官，超资越序曾无
难。"（《永贞行》）是结党专权的表现。永贞党人虽然也看到了这
一点而极力的想要争取那些年长位高之人，但无奈革新触及了很
多大官僚的既得利益而令他们对改革侧目相视，永贞党人中几位
相对较有名望者韦执仪人品不佳立场不坚，陆质年老多病，奄奄
一息。阳城、陆贽更是还没来得及赴任就死在了贬所，总之都没
能解决影响力不够这一致命弱点。从外部来看，由于改革的步调
操之过急，造成了一时间树敌过多的形势，宦官们、大官僚、藩

镇或是因为既得利益受到了损伤，或是因为政治交易没有被满足，无不对新政心存仇视，伺机反扑。而改革派所依靠的最大政治靠山唐顺宗，又因为中风根本无法亲自主持朝政，皇帝的权威没有形成政治上的感召力和威慑力，虽有犹无，加之宦官、大官僚、藩镇的勾结时时以皇帝多病不宜主政而要求让太子掌权，这就更让观望的群臣感觉到王叔文党人随时可能失去皇帝的支持而对新政止步不前。此外，改革派在处理有些问题上也有自己不够成熟的地方。如在处理羊士谔、刘辟等人上具体政见的不一导致的党内失和；二王言行上不拘小节颇有不当之行引起传统士大夫的不满；改革措施操之过急，对敌我实力估计不足，且只是治标不治本，暂时调节社会矛盾没有没有从根本上触及制度的病根等等。总之这场声势浩大的改革运动仅仅二百多天，就在时运不济、四面楚歌的形势下落下了帷幕。

贞元二十一年七月，宦官俱文珍等伪造敕书，将王叔文的翰林学士之职罢免，至此改革派元气大伤，虽然王伾为首的永贞党人据理力争也无济于事。不久，王叔文丧母，按当时礼制不得不归家守丧，王伾孤立无援，局势已很难挽回。曾经被王叔文严词拒绝的剑南西川节度使韦皋借机联合荆南节度使裴均、河东节度使严绶等上表请求太子监国，俱文珍等以顺宗的名义下诏，从之。八月，太子李纯凭借宦官俱文珍等的拥立，发动宫廷政变迅速的夺取帝位，幽禁顺宗，成为了唐王朝新的最高统治者。

早在宪宗即位之前，改革派与太子的关系就并不融洽。顺宗对于宦官的态度和新政对于宦官、藩镇、大官僚等既得利益的损害使得他们很早就想借顺宗病体之由把他赶下皇位，故而极力的要求立太子，太子监国。作为顺宗长子的宪宗自然将会是这样做

的最大受益者，但是顺宗是永贞党人最大的政治靠山，况且一朝天子一朝臣的局面在中唐已经是定制惯例，改革派故而极力拥护顺宗反对太子监国这就必然与太子有利益上的矛盾，况且由于政治上的不成熟王叔文等人并没有很好的与太子达成妥协。早在宪宗被立太子之时，王叔文已有忧色，虽口不敢言，"但吟杜甫题《诸葛丞相祠堂》诗：'出师未捷身先死，长使英雄泪满襟。'（《资治通鉴》）太子对于改革的态度可见一斑。故而，当唐宪宗真正的登上了九五之尊宝座，对永贞党人的仇视和报复也就在情理之中了。

宪宗还未正式即位便贬王伾为开州司马，王叔文为渝州司马，不久又下令把永贞革新中王叔文集团中的其它人员纷纷贬谪到极其边远艰苦之地做司马。柳宗元是永贞革新中的重要人物，史书载永贞革新中："每事先下翰林，使叔文可否，然后宣于中书，韦执谊承而行之。外党则韩泰、柳宗元、刘禹锡等主采听外事。"故而当时人们提起永贞革新的政治力量便总是用"二王刘柳"替代，其在这一集团中的政治地位可见一斑。刘禹锡在《唐故尚书礼部员外郎柳君文集序》对此也有提及说"子厚始以童子有奇名于贞元初，……二十有一年，以文章称首，入尚书为礼部员"，作为吏部员外郎，柳宗元主要主管草拟章奏，他不仅以其的出色文笔为永贞革新宣扬思想，营造舆论环境，更直接地参与了很多政策与人事安排的制定。应该说，参加永贞革新，是柳宗元一生中政治上最有作为之时，然而当这场变革以失败告终，恰恰是这些政治上的作为成为了他不仅无功反而有过的"罪证"，宪宗一纸公文贬柳宗元为"永州司马外置同正员"，把三十三岁的柳宗元从政治的巅峰打进了人生的谷底。

第三章：风波一跌逝万里，壮心瓦解空缧囚
——柳宗元的永州十年

　　很多年后，韩愈在柳宗元的墓志铭中曾有过过这样的感慨：
"子厚斥不久，穷不极，虽有出于人，其文学辞章，必不能自力，
以致必传于后如今，无疑也。虽使子厚得所愿，为将相于一时，
以彼易此，孰得孰失，必有能辨之者。"感慨的是诗人不幸诗家
幸，若柳子厚没有长久的被贬谪，没有困顿到极点，没有经宦海
沉浮从庙堂之高忽遇政治的风浪而跌逝万里与苦难为伴，那他可
能会如自己所愿的那样，出将入相享尽人间尊荣，然而若真是拥
有那样的人生也就没有后来彪炳千古，文星璀璨的柳河东了。从
这个意义上说，正是苦难打造了柳宗元的一世英名，永州的十年
是柳宗元漫长贬谪生涯中时间最长，经历也最多，文学成就也最
大的十年，虽然政治上的打压，生活上的困苦，精神上的抑郁让
柳宗元"行则若带縲索，处则若关桎梏"尝尽了人生失意的苦味，
恍如命运的绝望囚徒。但诚如宋时永州官员汪藻在他《永州柳先
生祠堂记》中所说："盖先生居零陵（古称永州）者十年，至今
言先生者必曰零陵，言零陵者必曰先生。零陵极南穷陋之区也，
而先生辱居之。零陵徒以先生居之之故，遂名闻天下。先生为之

不幸可也，而零陵独非幸哉！……然零陵一泉石、一草木，经先生品题者，莫不为后世所慕，想见其风流。而先生之文载集中，凡瑰丽奇特者，皆居零陵时所作，则予所谓幸与不幸者，岂不然哉！""富贵无能，磨灭谁纪，子之自着，表表愈伟"，柳宗元永州十年的幸与不幸实在难以定论，柳宗元与永州的纠结瓜葛实在一言难尽。在这一章中，我们就将深入的探讨柳宗元永州时期的生活、思想、与文学创作。看一看柳宗元是怎样成就了永州的山水人民，永州又是如何成就了柳宗元的万古流芳。

一、长为孤囚不能自明

今抱德厚，蓄愤悱思，有以效于前者，则既乖谬于时，离散摈抑而无所施用。长为孤囚不能自明。

——柳宗元《与顾十郎书》

对于政治斗争中的失败者，掌权者所采取的，往往是最极力的打压与惩罚，特别是对于像八司马这样曾直接威胁到皇帝登上其皇位宝座的人，更是要"罪加一等"。唐宪宗"记怒人臣"，在八司马事件的贬谪中，把柳宗元初贬为邵州刺史，途中再贬为永州司马。甚至在适逢元和元年（806）六月册太后礼，朝廷进行的"死罪降从流，流以下递减一等"的大赦时，还不忘特意旋即复下诏言："左降官韦执谊、韩泰、陈谏、柳宗元、刘禹锡、韩晔、凌准、程异等八人，纵逢恩赦，不在量移之限。"柳宗元的贬谪命运，就这样开始了。

对于自己的遭贬，乍遇之下，柳宗元所表现出的第一反应是愤懑不平。这在他在作于元和元年左右的《跂乌词》《笼鹰词》

《吊屈原赋》等作品里表现的极为明显，《吊屈原文》是他在永州的第一篇作品，确切的说此时的柳宗元还在赴任永州的途中，面对涛涛汨罗江水，回思段段朝中过往，柳宗元临江而赋道：

今夫世之议夫子兮，（今人议论先生啊）

日胡隐忍而怀斯？（都说您为何遭受不公却依然放不下故国家乡）

惟达人之卓轨兮，（怎知这正是通达圣人之道者的卓越品行啊）

固僻陋之所疑。（又岂是浅薄之人所能理解和仰望）

委故都以从利兮，（抛弃祖国而去追求自己的荣华啊）

吾知先生之不忍；（我知道这是先生不忍心做到）

立而视其覆坠兮，（袖手旁观的坐视国家倾覆啊）

又非先生之所志。（又怎能符合您兴邦利民的志向）

穷与达固不渝兮，（宦海沉浮都不能改变您的信念啊）

夫惟服道以守义。（只会坚守道、义之大方）

矧先生之悃愊兮，（款且您精忠报国啊）

蹈大故而不贰。（宁可赴死也不会改变理想）

沉璜瘗佩兮，（您是被沉没，掩埋的美玉啊）

孰幽而不光？（怎会因水中幽冥而暗淡无光）

荃蕙蔽匿兮，（您是被埋没，隐藏的香草啊）

胡久而不芳？（怎会因时光流逝而冲淡芳香）

......

　　吾哀今之为仕兮，（我为当今为官者哀痛啊）

　　庸有虑时之否臧。（没有谁去关心国家兴亡）

　　食君之禄畏不厚兮，（索取君主俸禄唯恐不丰厚啊）

　　悼得位之不昌。（居官只担心仕途不昌）

　　退自服以默默兮，（退居江湖之远的我只有洁身自好默默哀伤）

　　曰吾言之不行。（知道当今之世不会推行我的主张）

　　既媮风之不可去兮，（既然苟且偷安的风气难以消除啊）

　　怀先生之可忘！（我只有缅怀先生为楷模，永志不忘）

　　这是柳宗元与屈原异代同心的精神契合，更是他借屈原之身所倾诉的自身志向，所咏唱的孤臣哀歌。相同的道德操守和生活遭际让柳子厚的骚体赋写的尤其声情并茂，难怪严羽在《沧浪诗话》中认为"唐人惟柳子厚深得骚学。"

　　这样的情感还被反复表达在他的诗歌中，在《跂乌词》中，他是因"慕高近白日"而为日中之三足乌所嫉妒，因"饥啼走道旁"而为"贪鲜攫肉"之人所中伤的跂乌鸟。在《笼鹰词》中，他是曾经"云披（裂开）雾裂虹霓断，霹雳掣电捎平冈"，曾经"㧐（象声词，形容迅猛动作的声音）然劲翮（强劲有力的翅膀）剪荆棘，下攫狐兔（比喻奸佞之人）腾苍茫"的笼中之鹰。不言而喻，这两首寓言诗都不是就事论事之作，而是作者看到跂乌，笼鹰所引发的身世之感，不平之鸣。无论是钦慕朗朗白日的跂乌，

还是曾经冲云穿棘，爪毛吻血狐兔之辈的笼鹰，他们都是为了光明和正义而勇往直前，敢于冒险的。而它们的结局却不是为"贪鲜攫肉"之人所中伤，就是于炎风溽暑忽至之时，"羽翼脱落自摧藏"，而诗歌中跂乌"备蝼蚁""防燕雀"，笼鹰为草中狸鼠所欺，"一夕十顾惊且伤"的形象又何尝不像此时黯然萧索的迁臣骚客八司马。可见，二诗皆是以物喻人，悲愤郁激，先是艺术化地肯定了自己正确的政治取向，又出写自己与革新同道的遭际和志气，暗喻着作者对一心为国为民，却在永贞革新失败后备遭迫害与贬责的不公待遇的激愤之情和对反动腐朽势力的声讨。

愤怒之后，柳宗元还是要面对现实的。而这种现实则让他从愤怒转为了绝望。正所谓"永州多谪吏"（《送南涪州量移澧州》），永州在唐属江南西道，西南东三面环山，土地贫瘠，经济落后，是中唐时期贬官较密集的区域，据学者考证中唐时期江南西道贬官人数达 180 人之多，其中被贬于永州 14 人，其环境之艰苦可想而知。柳宗元很快便亲身体验到了这一点，他在文章中详细的记录到：

> 楚越之郊环万山兮，势腾踊夫波涛。纷对回合仰伏以离裂兮，若重墉之相褒。争生角逐上轶旁出兮，下坼裂而为壕。欣下颓以就顺兮，曾不亩平而又高……侧耕危获苟以食兮，哀斯民之增劳……圣日以理兮，贤日以进，谁使吾山之囚吾兮滔滔
>
> ——《囚山赋》

> 永州于楚为最南，状与越相类。仆闷即出游，游复

多恐。涉野则有蝮虺大蜂，仰空视地，寸步劳倦；近水
即畏射工沙虱，含怒窃发，中人形影，动成疮

——《与李翰林建书》

　　家生小童，皆自然晓晓，昼夜满耳，闻北人言，则
啼呼走匿，虽病夫亦怛然骇之。出门见适州闾市井者，
其十有八九，杖而后兴。

——《与萧翰林俛书》

　　生活习惯的迥然不同，对异乡气候、环境水土不服的生存困
境，更加之精神上的极大压力，很快反映到了他的身体上，柳宗
元的健康情况迅速的恶化，三十六七岁的柳宗元已经百病缠身。
用他自己话说："今仆癃残顽鄙，不死幸甚"，实乃九死一生之
叹。他先是得了了痞（pǐ 匹）病。脾脏肿大，引起消化不良，食
欲不振。严重时一两天发作一次，茶饭不思，神思倦怠，身体上
忽冷忽热，人一天天消瘦下去。平时则眼花心悸，眼睛里模模糊
糊看不清西，旁人的声音高一点，就引起心慌不止。随之他的记
忆力因而大为减退，"虽欲秉笔缕，神志荒耗，前后遗忘，终不
能成章。往时读书，自以不至抵滞，今皆顽然无复省录。每读古
人一传，数纸已后，则再三伸卷，复观姓氏，旋又废失"，后来又
因试图治愈痞病，用南方药物槟榔大泻过一次，虽痞病有所好转，
却因此伤了元气，走路膝颤抖，坐着大腿麻木，看样子已是过于
虚弱。大病过后的柳宗元急速的过早衰老起来，他在《觉衰》诗
中这样写道自己"今年宜未衰，稍已来相寻。齿疏发就种，奔走
力不任"，描述自己没想到衰老这样快的到来，方富年月三十多岁

的自己还没到衰老的时候，就已经被衰老找上了门。头发脱落减少，牙齿也松动稀疏，就连走路也觉得力不从心，四肢无力。对此，柳宗元无可奈何，只能勉自开解，任其发展。

按说，柳宗元在永州的官衔——"永州司马员外置同正员"虽然是属定额以外的官员，并无职实权，但却可以享正式官员的俸禄。其实是并无实职实权却有俸禄可享的闲官。故而，从经济情况来看，柳宗元有俸禄可享，衣食无忧，还有僮仆使唤，物质生活还算是比较充裕的，就算真是水土不服，生活困顿也决然不会持续如此之长，损害如此之大。所以，如果真的追根溯源，柳宗元最大的症结还是来自于他的精神层面，那么他又到底何以至此呢？

正如他在《寄许京兆孟容书》所说："罪谤交积，群疑当道，诚可怪而畏也。以是兀兀忘行，尤负重忧，残骸余魂，百病所集……非独癏疠为也。"政治上的失意与压迫所造成的精神压力才是他百病的根源。其一，柳宗元的前半生可谓顺风顺水，又在永贞革新期间几乎是一步登天，贬谪的打击几乎可以说是从天而降，迎头一击，这无疑会造成柳宗元精神上的极大落差和心理上的完全失衡。早岁他手握重权之时"射利求进者，填门排户"，而今却是"闻人足音，则跫然喜"。在八司马之一的郴州司马程异于元和四年擢升为扬子留后后，柳宗元连续向翰林学士萧俛、李建、京兆尹许孟容去信陈情，又多次投文献启于赵宗儒、严绶、李夷简、武元衡、郑絪等人，信中具陈贬谪之苦，报国之愿，极为凄切卑微，但都是石牛沉海，杳无音信。所谓世态炎凉，不过如此。其二，基于柳宗元家庭和所收教育的影响，他本人是一个有着强烈的政治责任感的儒者，这就决定了在他的思想中必然会对国家政治和社会民生有着一种剪不断理还乱的思考忧愁和急于入世建功

立业的心态。这在他于永州期间所作的众多批判社会现实，疾呼民生疾苦，思考政治、哲学问题的文章中就可以想见。初到永州时，柳宗元曾因是定额以外的官员并无官署而寄居于龙兴寺内，这使他有条件接触到释家的佛教思想，一度柳宗元也曾经以佛法的精神自我开解，虽然他再三自我暗示，自我救赎，但是终究还是不能真正的四大皆空。反过来，他还在告诫批评自己祈求于道家消极避世，长生之术的朋友娄图南放弃道教长生之术，笃行"尧舜、孔子之道"，发挥自己的聪明才智，做一个有益于社会的人。（见《送娄图南秀才游淮南序》），这或许就是他在《吊屈原赋》中所说的"委故都以从利兮，吾知先生之不忍；立而视其覆坠兮，又非先生之所志。穷与达固不渝兮，夫惟服道以守义。"的进退两难之境，然而现实的情况是唐宪宗等统治者一直对八司马持坚决的打压制裁政策，就像柳宗元，虽然名为"永州司马"，但作为所谓的"外置"他是没有真正的实权的，足以见得国家决定对其弃而不用的坚决态度。一方面是满腔的强烈的报国之志，一方面是国家的打压惩罚，柳宗元在两者之间苦苦挣扎。当他最初开始在永州的生活时，柳宗元还报以侥幸，以为唐宪宗的旨意或许只是一时之愤，所以并未买地筑屋只是借居龙兴寺，又在自己的《笼鹰诗》中幻想着有一天能"愿清商复为假，拔去万累云间翔"。然而随着时过境迁，他的希望却一次次落空，程异为扬子留后后，柳宗元的多方上书让他明白了朝廷疑忌者甚多，无人敢为自己用力。继而又希望寄托在大赦上，然而无论是元和四年十月，立太子所颁赦令，还是吐突承璀讨河北王承宗胜利后的朝廷大赦，抑或是元和六年，宪宗正月行籍田礼所行大赦等等等等，却都不见自己因赦攘除罪籍、移官拔擢。当柳宗元的种种图谋、努力和

希望，一一化为泡影。此时的他已经绝望了，发下了愿为"永州民"的感叹。其三：政敌诋毁，政治环境紧张。柳宗元在为政长安时，一方面由于其积极用仕的态度与众不同，显得桀骜不驯，另一方面其在永贞革新中"超取显美"为众多"求进者怪怒媢嫉"，加之掌权之时，由于坚持原则，不肯用手中的权力进行交易，使众多拜谒求进者"百不一得"，故其在长安时期是得罪了不少人的。加之八司马案本是涉及皇位的大案，当权者唐宪宗对其恨之入骨，故而更有很多人为了迎合皇帝的意志讨好谄媚，而不遗余力的去诋毁污蔑柳宗元等人，借以表明自己对皇帝的忠诚谋求政治上的高升。在这种情形之下，天下的舆论形成了几乎是一边倒的局面，"群言沸腾，鬼神交怒"，柳宗元等人成了"明时异物"众矢之的，正如柳宗元自己所说："而仆辈坐益困辱，万罪横生，不知其端。"欲加之罪，何患无辞，在这种情形之下，柳宗元心中的抑郁自不必说，甚至连维持现状和生存都成了岌岌可危的事。柳宗元之所以"得罪来五年"而"未尝有故旧大臣肯以书见及者"正是因为"罪谤交积，群疑当道，诚可怪而畏也"，故旧们连为柳宗元说一句话都会给自己招致祸患，柳宗元自身所处的政治环境可见已经是极为尖锐的了，也就难怪柳宗元发出"自余为人，居是州，恒惴栗"的感慨了。（《始得西山宴游记》）故而，柳宗元在信中一再强调"相戒勿示人。敦诗在近地，简人事，今不能致书，足下默以此书见之"，战战兢兢，如履薄冰，如惊弓之鸟，其内心的危机感和恐惧感也就不言自明了。

　　以上的三个原因都可以说是柳宗元永州时期巨大精神压力的源泉，而他们又直接决定了，柳宗元在永州的生活，将会是有苦难言孤单寂寞的，他看不到希望，找不到退路，也几乎找不到什

么人可以尽情倾吐，开解他胸中的苦闷。或许可以"闷即出游"，然永州环境恶劣，且所见者，徒然只令他触景生情；或许可以著书立说，然又体弱多病，几乎是过目即忘，心乱如麻。此时的柳宗元真切的感受到了一种前所未有的绝望和孤独，忧思满怀，报国无门，完全无法自我开解，永州的群山好像一道天然的监狱之墙，把他牢牢关押在无形的监牢之中，成为"壮心瓦解"无法自救的"缧囚"。

二、亲朋凋落，家族愧疚

> 宗元不谨先君之教，以陷大祸，幸而缓于死。既不克成先君之宠赠，又无以宁太夫人之饮食，天祸荐酷，名在刑书。不得手开玄堂以奉安，罪恶益大，世无所容。尚顾嗣续，不敢即死。支缀气息，以严邦刑。
>
> ——《先侍御史府君神道表》

正所谓福不双至，祸不单行。永州时期的柳宗元不仅遭受了自身的病痛折磨与精神上的巨大压力。更加雪上加霜的是，相继遭受了接踵而至的亲朋的离世。这其中对他打击最大的无疑是其母卢氏的逝世，柳宗元的两个姐姐早和妻子杨氏早在长安时期就已经先后离世，母亲可以说是他唯一的至亲之人。此次被贬永州，老人家更是在柳宗元最为艰难的时刻毅然选择陪在他身边，并不时开解安慰柳宗元"明者不悼往事，吾未尝有戚戚也"。然而这位伟大的母亲，这个柳宗元此时最大的精神支柱，却在来到永州不到一年的时间中，就因水土不服，膳药不具而病逝。对柳宗元来说无疑是晴天霹雳。他甚至在给朋友的信中怀疑母亲之死是老天

对自己的惩罚，而且身为待罪之身的他在一年之后柳母灵柩归葬于京兆祖坟时都不能亲自扶柩归乡。仅仅四年之后，柳宗元相依为命的年仅十岁的女儿和娘，又因病去世。亲人接二连三的离去使柳宗元贬谪生命中少的可怜的温暖几乎一扫而空了，他此时那种即使"穷天下之声，无以舒其哀矣。尽天下之辞，无以传其酷矣"的痛彻骨髓的哀痛，想必每一个身为人父为人子者都会为之动容。

可是上天就是如此的不公，除了亲人的去世，更要让柳宗元品尝到朋友阴阳永隔的苦涩。元和元年冬，八司马之一、柳宗元的挚友凌准因病逝世。他与柳宗元一样也在永贞革新的失败后备尝人世凄苦，被贬三年中其母及弟相继去世。凌准本人双目失明最终抑郁而亡。元和六年，吕温病死衡州任上，柳宗元先后做《祭吕衡州文》《东平吕君诔》，追思往日一起"讲德讨儒""揭滋日月"的年少岁月，念及当日"志存致君，笑咏唐虞"的崇高志向，对比今日自己与挚友才不能伸，志不得展，流离坎坷，相继零落，柳宗元对于这不公命运，昏暗世道的愤恨更为加深了，甚至发出了"鸣呼天乎！君子何厉？（厉，恶也。）天实仇之；生人何罪？天实仇之。聪明正直，行为君子，天则必速其死。道德仁义，志存生人，天则必夭其身。"（《祭吕衡州温文》）的指责天地的悲愤之言。而亲朋凋落的他却更少了人去倾诉，被理解，他的寂寞从此愈加难解了，后世人常常评价柳子性格阴郁不能自释，恐怕与此有着很大的关系。

柳宗元并非一个冷峻无情的政治家，相反，对于他的家族和朋友，他是抱着极大的重视和责任感的。亲朋的相继离世让柳宗元产生了极大的愧疚感，他把这一切都归咎于自己的过错，认为

他们的死是因自己的罪过而致，应该说，当年在朝为官时，柳宗元之所以选择那般"勇于为人"的积极参政，其中也不乏作为柳氏公认且寄于厚望的后起之秀，出于家族责任感想要建功立光耀门楣的原因，而如今不仅家族蒙羞，且使家人被累，这让他的内心更加的饱受煎熬。在永州的悲惨生活中，柳宗元曾不仅一次的发出生不如死的感叹，但每一次，总是因为尚无子嗣为后，与不能因自己畏罪自戕使家族蒙羞而进退两难。子嗣与家族成为压在柳宗元心头极为沉重的两座大山。这在他的《惩咎赋》《先侍御史府君神道表》等文中均有表现，其中尤以《与李翰林建书》中的表述最为具体真挚，文中这样写到：

> 宗元于众党人中，罪状最甚。神理降罚，又不能即死。犹对人言语，求食自活，迷不知耻，日复一日。然亦有大故。自以得姓来二千五百年，代为冢嗣。今抱非常之罪，居夷獠之乡，卑湿昏雾，恐一日填委沟壑，旷坠先绪，以是恒然痛恨，心肠沸热。茕茕孤立，未有子息。荒隅中少士人女子，无与为婚，世亦不肯与罪大者亲昵，以是嗣续之重，不绝如缕。每当春秋时飨，子立捧奠，顾眄无后继者，惸惸然欷歔惴惕，恐此事便已，摧心伤骨，若受锋刃。此诚文人所共悯惜也。先墓所在城南，无异子弟为主，独托村邻。自谴逐来，消息存亡不一至乡间，主守者固以益怠。昼夜哀愤，惧便毁伤松柏，刍牧不禁，以成大戾。近世礼重拜扫，今已阙者四年矣。每遇寒食，则北向长号，以首顿地。想田野道路，士女遍满；皂隶庸丐，皆得上父母丘墓，马医夏畦之鬼，

无不受子孙追养者。然此已息望，又何以云哉！城西有数顷田，树果数百株，多先人手自封植，今已荒秽，恐便斩伐，无复爱惜。家有赐书三千卷，尚在善和里旧宅，宅今已三易主，书存亡不可知。皆付受所重，常系心腑，然无可为者。立身一败，万事瓦裂，身残家破，为世大傻。复何敢更望大君子抚慰收恤，尚置人数中耶！是以当食不知辛酸节适，洗沐盥漱，动逾岁时，一搔皮肤，尘垢满爪。诚忧恐悲伤，无所告诉，以至此也。

孝是儒家理论中一个尤为强调的重要道德命题，对于"以兴尧、舜、孔子之道，利安元元为务"的柳宗元来说，自己牵累家人，无嗣继后，又不得守先人家业，尽歆享祭祀之礼是他无法原谅自己的罪过与永远的痛。虽"无所告诉"，然"诚忧恐悲伤"。

三、不改初衷，"愚"性彪炳

凡为愚者莫我若也

——《愚溪诗序》

元和五年，多方上书援引，多次祈求大赦宽宥的柳宗元终于在无数次的失败之后，渐渐被打磨掉了回朝的希望。他结束了自己的寄居生涯，在冉溪购地筑室，开始作久居之计。冉溪是美丽的，正所谓"嘉木异石错置，皆山水之奇者"然而柳宗元却偏偏要"以余故，咸以愚辱焉"，在命名之时改冉溪为愚溪，又给周围的丘、泉、沟、池、堂、亭、岛均以"愚"字冠名，并特意写作了"八愚诗"来加以纪念，甚至于此后常常以"愚者"自喻。那

么柳宗元到底"愚"在何处呢？他这中挥之不去的好"愚"情结，又到底在诉说着什么呢？

关于所谓"愚"的定义，我们可以从柳宗元的文集中找到正反两方面的概括和定义。从正的方面来说，他在《愚溪诗序》中说"余遭有道，而违于理，悖于事，故凡为愚者莫我若也"这其实是颇为抽象的，所以又有了《愚溪诗序》的姊妹篇《乞巧文》中对于"愚"的反面论证，即所谓"巧"的定义。这一次，柳宗元以挥毫泼墨的方式做以描述："变情徇势，射利抵峨"即改变本性，趋炎附势；"叩稽匍，筒，言语谲诡"即卑躬屈膝，巧舌如簧；"迎知喜恶，默测憎怜"即曲意逢迎，摇尾乞怜；作者感叹自己无论怎样努力的去学习"巧夫"的这些技能都无法学会，所以由衷的感叹自己的愚笨，只能祈求织女星也把"巧夫"的"巧"分给自己一点。行文至此，"愚""巧"之辨，公道自在人心。

按照《愚溪诗序》《乞巧文》中的定义，那么柳宗元以"愚"自喻真是再恰当不过。纵观柳宗元在永州时的所作所为，便可由衷的认识到这一点。

正所谓"惩于羹者而吹齑兮，何不变此之志也"（喝热汤被烫伤的人日后吃咸菜都要吹一吹，我又为什么不改变自己之前的志向呢？语出屈原·《九章》）但柳宗元却显然不是此例。尽管认识到自己落得今日地步是多少因为有些"年少好事，进而不能止"，加上"性又倨野"故而触怒了权贵。但是，他的性子却始终未因此变得圆滑起来。不平则鸣的本性始终没有改变，正直耿介的原则始终没有放弃。面对现实的种种"惩罚"，柳宗元也在孤独的贬谪之地，反复深刻地反思着自己大起大落的人生。然而他所

反思到的却不是认罪和悔志，相反是和悲愤和坚持。对于永贞革新的正义与否，我们在他的文集中是看不到一句微词的。只能看到它的出发点是"立仁义，裨教化。"、"唯以中正信义为志，以兴尧、舜、孔子之道，利安元元为务"。这是在强调自己参加革新时为了弘扬孔孟之道，为民谋福。此外，对于参加永贞革新的动机，我们也看不到摇尾乞怜式的年少无知说，为人蒙蔽说等，而是柳宗元坚定的"夫岂贪食而盗名兮，不混同于世也"这是在重申自己并非政治投机，只是不同于世人尸位素餐，蝇营狗苟于爵位俸禄的普遍做法，想要真正的为国为民做一些实事。改革事业没有错，而之所以落到今天的地步是完全是因为"显身以直遂兮，众之所宜蔽也"和"吾党之不淑兮，遭任遇之卒迫"。这是在感叹时运不济，小人当道，自己超显取美为人所妒，中兴大业无法实现。悲痛之中不无义愤填膺的批判和控诉。至于所谓的"教训"，柳宗元在此归纳为"愚者果于自用兮，惟惧夫诚之不一。不顾虑以周图兮，专兹道以为服"即因个人专诚改革事业，唯恐自己的政见不能够得以实现，故而显得有些急躁冒进，不知对政敌加以戒备，以致遭到奸佞构陷。这是在说自己的过错只是在于政治经验的欠缺所导致的具体举措的不成熟。并表示"苟余齿之有惩兮，前烈而不颇"即要从中吸取教训，更有效地为自己的政治目标奋斗。总之，在这篇名为《惩咎赋》的抒情小赋中，柳宗元与其说是在悔过，不如说是在明志，他至始至终都没有"认罪"的态度，而是呼天抢地的喊出"曩余志之修塞兮，今何为此戾也"，柳宗元始终坚持，自己选择参加永贞革新，固然也不乏有光耀门楣，谋求自身发展的原因，但更多的乃是根据他一直以来兴国利民的美好政治理想出发的，更是其对现实长期思考得到的认识，绝对不

是政治投机，朋党专权之流。况且新政的实施利国利民，这就让柳宗元对于新政的失败，特别感到痛心；对于自己贬官受辱，格外觉得委屈。所以在此，柳宗元再三感叹自己改革志向的美好，遭际的不平，标榜自己对于改革事业的"虽九死而犹未悔"和对于破坏改革事业的馋妒之人的批判。

柳宗元此类表现自己不改初衷，不肯而迫于现实压力而"屈打成招"的文章还有很多很多。政治失意后，柳宗元尽管深感自己是因为当初的锋芒与才华而受尽倾轧与奚落，但他还是对政治上庸碌无为，奉行明哲保身的人，给予最大的抨击。他在《与杨京兆书中》深刻的揭露了这种人的丑恶面目和社会危害。是"无之而不言者，土木类也。"即没有真才实学，闭口不言，藏拙避祸，乃是像土木一样愚蠢的呆子。认为其"于田野乡间为匹夫，虽称为长者可也"但从充当打更守城的巡夜小吏开始，作为朝廷官吏的人就已经有了自己对国家人民不可推卸的责任，必须严肃的奉行自己的职责，地位越高，鉴于其作用与影响力越大，则身上的职责就越重，又怎么能让那些笨拙无为的人担任呢。并进一步指出，"夫捧土揭木而致之岩廊之上，蒙以绂冕，翼以徒隶，而趋走其左右，岂有补于万民之劳苦哉！圣人之道不益于世用，凡以此也"，即如果让这样的人身居高位，就好像把土木放置在朝廷之上，他们的工作必将无法实现解救百姓劳苦，为国为民谋福的目的。圣人的大道之所以不能推行于世，造福于民就是因为这样土木之人的存在。这种认识，无疑是针砭时弊，一针见血的。只可惜"近世尤好此类，以为长者，最得荐宠。""今之言曰：'某子长者，可以为大官，'类非古之所谓长者也，则必土木而已矣"，柳宗元除了愤慨世道的黑白不分，命运的坎坷不公还能做什

么呢。然而尽管如此，柳宗元却仍然没有要与这些人"和光同尘"的妥协之意，他在《瓶赋》中以汲水的井瓶和盛酒的鸱夷壶相比，表示宁愿作摔碎的井瓶，也不作那酒气熏天的壶子。在《牛赋》里，他以牛驴相比，耕牛勤恳耕耘为民谋利而不得福报，驴子趋炎附势，不劳而获却趾高气扬，既使这样，他也不愿作阿谀谄媚跟着劣马跑的驴子，只愿作有益于人的耕牛。他在《与萧翰林俛书》认为自己的苦难皆是因自己"超显取美"世人媚怨嫉妒而导致的，非是自己站错队伍的缘故。他在《吊乐毅文》中肯定了乐毅"专直"的性格，在《吊苌弘文》中，除充分表彰苌弘"坚刚以为式"的方正忠勇，在《段太尉逸事状》力争体现段秀实的为民请命、大义凛然，在《咏荆轲》中歌颂荆轲勇敢刚毅，忠贞愚狂的性格，凡此种种，数不胜数，无一不透出的柳宗元坚定不移的"愚性"。这份宁为玉碎不为瓦全的执着与耿直自然是所谓"巧夫"不肯为之的。

对于改革中的同仁，柳宗元的态度就更显出他的"愚"性了，在前面我们已经讲过，八司马被贬谪之后一方面为最高统治者所深深记恨，另一方面为朝中百官所极力的诽谤打压。故旧亲朋甚至都不敢与他们书信往来更不敢在言行之中表现出一丝一毫的同情、肯定，八司马自己更是即便小心翼翼的谨言慎行，极力避祸尚且"万罪横生，不知其端"，在这种极为不利的政治环境之下，"巧夫"们的选择自然是落井下石，卖友求荣（八司马中的韦执谊就曾经这样做过），最不济者，也会三缄其口，装聋作哑，即使不努力撇清自己与"罪人"的关系，也会以沉默自保。而柳宗元偏偏不是这样，他的选择在很多人看来是迎风而上，愚蠢至极的。他与改革同道之间，始终坚持一种至死不渝，敢爱敢恨，不计得

失的真挚友情。凌准死时，他作《连州凌员外司马》等诗文祭奠，吕温去世之时更有《同刘二十八哭吕衡州兼寄江陵元二侍御》等诗文哭天抢地，哀其不幸。公元806年（元和元年），在柳宗元被贬永州仅仅一年之后，王叔文因乱国罪被赐死的消息传来。相应的舆论声援马上铺天盖地，王叔文的形象立即变成了乱臣贼子，死有余辜，很多当年永贞革新的观望投机者，此时也纷纷变脸，对王叔文口诛笔伐。柳宗元此时，却在遥远的永州保持了不合时宜的沉默，这明显是一种非暴力，不合作的态度。早在贞元二十一年，王叔文被免除翰林学士，政治上已见颓势之时，柳宗元就曾秉笔直书，为其母做《故尚书户部侍郎王君先太夫人河间刘氏志文》，文中对王叔文的道德品质和政治才能做出了比较公正的评价。这篇文章即便是在后世，仍因为其主人公的"罪大恶极"而被认为"不便与天下共见之文"，所以在编"柳集"时都"阴为删去"，而柳宗元在当世、当时那样强大的政治压力与舆论压力之下，坚持着自己的公正判断，没有销毁此文。这也成为了历史上极为罕见的对于王叔文这个敏感人物的保留文献，章士钊先生就曾说："至今凡能使人了解叔文之志行功绩，恰如其分者，惟恃此志文中寥寥百余言耳"，可见此文之价值与拒不销毁此文的柳宗元所顶的巨大压力。此外，在柳宗元给友人的信中，他还是如实提到自己早年与王叔文亲善，说自己曾与其"交十年"，并说自己之所以与其亲善，是因为"始奇其能"，虽没有正面肯定二人的友谊，但毕竟是在当时即以书面的形式肯定了王叔文政治才能。这无疑是要冒很大政治风险的。更有甚至，永州时期的柳宗元还创作了《牛赋》一文，其文曰：

若知牛乎？牛之为物，魁形巨首，垂耳抱角，毛革疏厚，牟然而鸣，黄钟满脰，抵触隆曦，日耕百亩，往来修直，植乃禾黍。自种自敛，服箱以走，输入官仓，已不适口。富穷饱饥，功用不有。陷泥蹴块，常在草野。人不惭愧，利满天下。皮角见用，肩尻莫保。或穿缄縢，或实俎豆，由是观之，物无逾者。

不如羸驴，服逐驽马。曲意随势，不择处所。不耕不驾，藿菽自与。腾踏康庄，出入轻举。喜则齐鼻，怒则奋踯。当道长鸣，闻者惊辟。善识门户，终身不惕。

牛虽有功，于己何益？命有好丑，非若能力。慎勿怨尤，以受多福。

此文历来被很多人认为是柳子厚在以牛写照王叔文不幸的一生，在这篇短小精悍的律赋之中，作者不仅以对偶的工整，和谐的声律为我们打造了一篇艺术上的美文，更在思想上以其含蓄深沉的笔触触动千百年来读者的心灵。赋中的牛憨厚、魁伟，它顶着烈日，日日荷着重犁艰难地往来耕耘。虽然从种到收都是它自己默默独自完成，但收获的粮食，却都送入官仓，造福百姓，自己却不享用丝毫。这无疑是王叔文等改革派艰辛廉洁、舍己为民进行改革的比喻之词。而牛即使在死后仍然"利满天下"，皮角肩臀，都被人肢解利用。这又似乎在映射朝中那些以对王叔文等口诛笔伐以讨好谄媚权贵达到自己升官发财之意的趋炎附势，落井下石之辈。第二段中柳宗元又转而对羸驴进行辛辣嘲讽。表现其附庸着劣马吃坐享其成，阿谀谄媚而趾高气扬。牛驴对比之下，柳宗元的激愤之情喷薄而出，他怒极反语到："牛虽有功，于己何

益"不平之情,批判厌恶之意溢于言表。这篇爱憎分明,声情并茂的短文历来被奉为柳宗元的代表作之一,甚至于北宋大文豪苏轼都为此深为打动倾倒,作《书柳子厚〈牛赋〉后》,以讥切当世用事者。试想,若柳宗元不是发自内心的赞颂钦佩王叔文等改革派的品行,又怎会写出如此情感充沛,字字铿锵的文赋呢?可见身处永州图图之中的柳宗元,仍然是当初那个坚持改革初衷,奉行方正原则的柳子厚,无论世事如何都无法将其动摇。

总而言之,愚也罢,拙也罢,按照世俗的想法,柳子厚都当之无愧,但这份"愚"性之中,恰恰是柳宗元展示给世人的一张最为生动的人格答卷,它以渗透骨髓,融于血液的高尚耿直与坚贞不屈对儒家传统的修身立事之道做出了最完美的诠释。这份"明知不可而为之"的"愚性"恰恰是柳宗元千古流芳的根本原因。

四、只令文字传青简,不使功名上景钟

君子之学,或施之事业,或见于文章,而常患于难兼也。盖遭时之士,功烈显于朝廷,名誉光于竹帛,故其常规文章为末事,而又有不暇与不能者焉。至于失志之人,穷居隐约,苦心危虑,而极于精思,与其有所感激发愤,惟无所施于世者,昔一寓于文辞,故曰穷者之书易工也。如唐之刘、柳,无称于事业,而姚、宋不见于文章。彼四人者,犹不能于两得,况其下者乎?

——欧阳修《薛简肃公文集序》

十年人世的沧桑，十年难捱的寂寞，永州漫长的贬谪生活中，时间流逝的打磨和个人心性的使然，将柳宗元内心不平、激愤、抑郁、凄凉的种种心情，逐渐转变为一种更为深沉的痛苦，定格于他流动的笔端，发黄的扉页，以文学这种特殊的形式抒发排遣。而贬谪岁月中充裕的时间，丰富的素材更为柳宗元专心于文学创作提供了客观的可能和现实的基础。正所谓"长歌之哀，过于恸哭"，在这些文章之中，正蕴含着柳宗元极大的哀思，直到千百年后，还让一代代的读者们感受到柳宗元当时的痛苦与忧伤。正所谓国家不幸诗家幸，赋到沧桑句便工，永州的苦难在另一种意义上恰恰成就了柳宗元，铸成了他创作上的一座座高峰。

作为柳宗元文学创作的高峰期，永州十年中，柳宗元在许多文学体裁和样式上都取得了很大的成就，其中最为人所称道的要属他的山水游记和他的寓言性文学作品。

正如柳宗元在《与李翰林建书》所说，"仆闷即出游"，自释于山水是亲朋凋落，世人讥讽的柳宗元最为重要的一种自我排解方式。《新唐书本传》中即说他是"即窜斥，地又荒疠，因自放山泽间。其堙厄感郁，一寓诸文"。也正因为如此，从城内东山法华寺对河的西山，到愚溪居所附近的小石潭、钻鉧潭，再到潇湘镇的湘口馆高楼等等等等，柳宗元的的脚步几乎遍布了永州城每一个角落，他用游记、诗歌、文赋等多种形式，描绘着永州的山水更在那山水的描摹中释放着自己的情感与灵魂。清康熙《永州府志叙》中姜承基有曰："永阳居三楚边陲，固东南形势之区也，其山则有九疑群玉之奇，其水则有潇湘兰溪之秀，凤多胜概粤。稽上古有虞氏南巡，驻迹虽陵寝自昔存疑，然玉管韶歌历世相传不朽。有庳旧封咫尺苍梧诚甚盛也。自柳司马谪居其间，以文章

治事，而山川益且增辉。况元结、薛景晦、寇来公之辈，皆以经济名贤后先媲美而来治斯地……”可见对永州山水的吟咏在柳宗元文学创作中的重要地位和其对后世的巨大影响，而这其中最能奠定他文学史上崇高地位的，莫过于他最为著名的山水游记性散文——永州八记。

柳宗元贬为永州司马后，从元四年到七年间，写了八篇山水游记，总称“永州八记”。这是柳宗元放情山水，试图从大自然中寻找释放和慰藉的产物，因此，永州八记中贯穿着一种他心中的悲愤和抑郁。既是使山水游记，又是抒情散文。不过，情景相融，寄景托情，这是一个十分传统的文学表现手法，绝非柳宗元所创，虽然寄景托情被很多评论家在评价永州八记的艺术成就之时，无一例外的再三强调，但这种赞扬并非仅仅由于这种艺术表现手法的应用，而在于其运用中的自然和谐，撒盐入水之妙。大凡读过永州八记的人，总会在那些隽永的文字与清丽的景色背后，感受到一层淡淡的忧伤与凄凉如同薄雾笼罩，挥之不去。而这种感受却又往往是不知所起，水到渠成的，这就是柳宗元山水游记散文所谓“凄寒彻骨”的艺术风貌所在。那么这种艺术风貌是如何形成的呢？这还要从情、景、笔、人四个方面一一道来。

从情的角度来说，永州八记中无一例外的是在以一个迁臣骚客的心灵体情察物，文中的柳宗元并无《滕王阁序》中那种建功立业的雄心壮志，也没有《岳阳楼记》中那种“先天下之忧而忧，后天下之乐而乐”的传统士大夫道德责任感，更没有致君尧舜或是羽化登仙之类抽象道理的的抒发和阐述。就作者本身而言，在永州八记的创作中，柳宗元没有有意识的作文应酬、立身扬名之

意，而是有意的想在山水中遗忘自己，遗忘人世苦闷，因此他没有必要遵从因袭传统山水游记借景抒情，托物言志的陈式，也不在乎是否有所谓深邃伟大的思想内涵以称高明。文中的柳宗元无意绪想得太深太远，他沉迷探索山水之美，触目成文，随心所感，淡淡而谈，描摹自己徜徉的山水图貌，用工笔画的方式定格这种美丽，并在此间远离尘嚣，复归本心。常安《古文披金》说他："到处不肯放过，古人用心每如此。"又"以精细之心得之，以太公之心传之。"即是如此。最真实、最自然的情感是永州八记巨大艺术成功的首要因素。

而作为的情感的载体，永州八记中的景也写的十分有特色。它深深的与作者要抒发的感情相适应契合，产生一种相映成辉，水乳交融的艺术效果和深沉的含蓄之美。从景物本身来讲，由于永州偏僻贫瘠的自然环境，和柳宗元此时孤寂抑郁的心理状态，故所选景物具有着自然平凡、幽独静谧的特点。无论是小石潭还是袁家渴抑或是钴铒潭西小丘等等等等，它们在映入柳子厚眼帘之时，都是无人力雕琢的自然天成之景，没有精致的亭台楼阁没有刻意的名家题咏，只有近乎原始的荒凉。它们又因为这份自然而显得平凡，它相比于长安的恢弘显得是相形见绌，而在荒凉的永州除了这样的景色还能期待什么呢？柳宗元抓住了这一特点，在平凡的景色中更选取那些小的不能再小之景，小石潭以一块整石头就成为了它全部的底，钴鉧潭西小丘"之小不能一亩，可以笼而有之"其渺小平凡可想而知。然而，正如钟惺所云，柳宗元恰恰："点缀小景，遂成大观。"（《山晓阁选唐大家柳柳州全集》卷三引）这种平凡和渺小成就了它的无人问津，为人冷落，从而形成了幽独静谧的无人之境，这一方面符合了此时柳宗元试图隐

于山水，逃离内心纷杂，人世沧桑的客观心态，另一方面，更容易因"其境过清"而产生一种清冷的峻峭之美。

　　但是如果仅仅是把自然的情感和凄美的景孤立的放在那里，那么永州八记最多具有一个精美的艺术外壳，而不具有内在的神韵风姿。作者在他所营造的自然平凡、幽独静谧的情景之下，进而自然而然的肆意挥洒出发乎性灵的情感才是永州八记的点睛之笔。事实上，无论是不刻意追求崇高而发乎性灵的思想情感，还是作者情有独钟的无人之境，它们都是统一在作者被贬永州，放情山水的身份之下的，柳宗元对景物的描写，并非单单是客观景物的描摹，而是经过了个人审美加工的，是因为在景物身上找到了某种与自身的暗合，从而引发了感慨和共鸣，他好像那些山水的"同是天涯沦落人"的知己，不仅观察到它不为人知的审美价值所在，更听得到它们无言的诉说。因而如果联系作者的经历与性格，就会很容易的理解作者柳宗元主观情感的投射，那些山水之景似乎都具有了作者的影子。你看那景色优美而廉价不售的钻钼潭西小丘不正像此时怀才不遇，为统治者所弃的作者吗？那钻鉧潭中激荡回旋，暗潮涌动的潭水不正像作者此时愁肠百结，激愤难平的内心吗？那昂首特立，"不与培塿为类"的西山，不正是柳宗元耿介刚直的愚性之所熔铸吗？从这个意义上说，永州八记中的很多景物都是具有某种象征意义的。景色的"凄神寒骨，悄怆幽邃"也正是作者内心的孤独寂寥，抑郁寡欢。景物凋敝废弃的命运也正是作者怀才不遇，默默凋零的写照。这样一来就很好的把作者的主观感受与客观景物的融合起来，达到一种托物言志，情景交融。如茅坤评《小石城山记》云："借石之瑰玮，以吐胸中之气。"（《山晓阁选唐大家柳柳州全集》卷三引）又林云

铭《古文析义》初编卷五评《钴鉧潭西小丘记》说：段以贺兹丘之遭，借题感慨，全说在自己身上。盖子厚向以文名重京师，诸公要人，皆欲令出我门下，犹致兹丘于沣、镐、鄠、杜之间也。今谪是州，为世大僇，庸夫皆得诋诃，频年不调，亦何异为农夫渔父所陋，无以售于人乎？乃今兹丘有遭，而己独无遭，贺丘所以自吊，亦犹起废之答无足涎颡之望也。呜呼！英雄失路，至此亦不免气短矣。读者当于言外求之。"说得正是这个意思。

此外，永州八记日久弥新的艺术魅力还在于它外在的艺术美感。柳宗元不仅以其文学家的艺术敏感和自然山水鉴赏力从中发现了美，更以自己的神来之笔极为生动优美的刻画定格了它。孙琮《山晓阁选唐大家柳柳州全集》就赞美他"写水，便觉水有声；写山，便觉山有色；写树，便觉枝杆扶疏；写草，便见花叶摇曳。真是流水飞花，俱成文章者也。"他描写细腻且具有诗美，即陈衍《石遗室论文》卷四所说的"用楚骚汉赋六朝初盛唐诗语意写之"，如织锦回文，层层描摹，全方位多角度的加以刻画，从而使得细小平常的景物皆能立体生动，诗情画意。其次，永州八记的语言也是十分精美的，它们有的得益于作者对于前人诗作的融汇贯通点铁成金，如杨慎《丹铅杂录》卷七所评："柳子厚《小石潭记》：'潭中鱼可百许头，皆若空游无所依。'此语本之郦道元《水经注》：'渌水平潭，清洁澄深，俯视游鱼，类若乘空。'"昌元云："山水奇致，非公不能画出。公小记，大略得力于《水经注》。"（《山晓阁选唐大家柳柳州全集》卷三引）有的得益于作者神来之笔的自铸伟词，如其"每风自四山而下，振动大木，掩众草，纷红骇绿，蓊荟秀气"数句，就为苏轼誉为"善造语，若此句殆妙矣"。吴楚材、吴调侯《古文观止》也说他："前幅平平写

来，意只寻常，而立名造语，自有别趣。"有的得益于环环相扣的巧妙过渡，如何焯《义门读书记》评《小石潭记》所云："闻水声如鸣珮环'，水激石而成声，一句中将下两层都暗领。'全石以为底'，叙明'石'字，先写四面竹树。'潭中可百许头'六句，透出清冽。'其岸势犬牙差互'二句，石岸差互，故水流皆作斗折蛇行之势，为岸所蔽，虽明灭可见，莫穷其源也。"又朱宗洛《古文一隅》卷中："凡前后呼应之笔，皆文章血脉贯通处。然要周匝，又要流动，要自然，又要变化，此文后一段可法。有两篇络法，如此文起处是也，有取势归源法，如此文先言竹树及石之奇，而以'笼而有之'饲勒住是也。有有意无意默默生根法，如此文中下一'怜'字，为末段伏感慨之根，下一'喜，字，为结处'贺，字作张本也。"所说皆是此例。

总之，永州八记是天时地利人和的因缘际会之作，非永州偏僻之地，非贬谪之身，非柳子厚狷介忧郁之性，非大方之家神来之笔之文，断无此文，此四者缺一不可，才有了永州八记的文学盛宴。

如果说山水游记更多是用来抒发柳宗元内心的情怀，那么寓言则是他用以批判社会，伤时骂世的锋利武器。应该说，寓言这种表现形式是当时严峻的政治形式下柳宗元一种自保性的选择，但在客观上，柳宗元以其深刻的思想，敏锐的观察，巧妙的文思，创造性的改革了寓言，并在此基础上巧妙应用寓言中丰富生动的形象，变换多彩的情节，极大的浓缩了很多社会生活现象，从而对其入木三分，一阵见血的加以无声的批判与警示。寓言成为柳宗元文学创作的第二个高峰。关于这一点已经是文学史上无可厚非的定论，前人亦多有论述，其比较主要的观点大致有以下几点：

其一：柳子将寓言从先秦时期论说文的一种附属性的说理手段转变为单篇独立的寓言作品。从而使其具有了独立的文学地位。早在柳宗元之前，文学史上也曾出现过独立成篇的语言，但都没有形成规模和体式。柳宗元寓言不仅独立成篇者则有 30 篇之多，而且体裁颇为丰富，除了著名散文体寓言《三戒》《种树郭橐驼传》《捕蛇者说》等外，还把寓言运用到诗歌、骚赋等文体之中，创作了诸如《行路难三首》《笼鹰诗》《瓶赋》《牛赋》等等作品，从不同方面反映了中唐时期的现实。这表现出他一种有意识的，写作寓言故事并独立成篇的创作倾向。

其二，柳子寓言开拓了新的题材范围和艺术表现手法。先秦时期，诸子的寓言大多是采用虚幻出来的人物作为主人公来演绎各种故事，其选材空间是相对狭窄的，表现手法也相对单一。柳宗元先是把寓言中的主人公由光怪陆离的奇人绝技转而面向日常生活中平常的人们，（如《种树郭橐驼传》中的郭橐驼），从而缩短寓言与现实生活的距离以提高其感染力，更为富有创造性的是，他使用了诸多栩栩如生的动物作为寓言故事的主人公，并相应的使用了拟人的艺术表现手法加以表现，既借动物之间的某些特殊的自然关系、自然习性形象性的表现了社会上的某种错综复杂的人情百态，增加了寓言故事的表现力和可读性。

其三：批判深度广度的开拓。相对于先秦散文中较多的运用寓言来进行说理论证，柳宗元的寓言则更明显的表现出了批判的倾向。柳子以其敏锐的眼光和丰富的人生阅历，洞悉人生百态，塑造了丰富而生动的人物来反应病态的社会现实，直接开启了后世的讽刺式寓言。此外，其批判力度也不同于先秦寓言中大多集中于政敌的局限，而是直指最高统治者和当时当朝具体的重大政

治事件，如其《三戒》中的麋、驴、鼠三物，历来引发了人们对于当时众多社会事件、政治人物的联想。有学者认为，临江之麋用来映射依靠唐顺宗的庇护而掀起"永贞革新"的永贞党人尤其合适，生动的展示出他们因为政治上的幼稚无知未能准确的估计敌我形势，加之忽然没有了顺宗这位"主人"的庇护，以致被宦官与军阀这些"犬类"残害。而《罴说》中的没有武艺的猎人，先用虎的叫声吓貙，又用罴的叫声吓虎，最后技穷而为罴所撕裂的命运，很可能是"对唐王朝'以藩制藩'的错误政策发出警告、劝戒"（《中国古代寓言史》）。而这些在当时当世都是极为敏感的政治话题。柳子却在寓言中一一加以批判，是需要极大的决心和勇气的。

　　其四：形象生动，惟妙惟肖。孙琮在《山晓阁选唐大家柳柳州全集卷四》中这样评价到《三戒》："读此文，真如鸡人早唱，晨钟夜警，唤，唤醒无数梦梦，妙在写麋、写犬、写驴、写虎、写鼠、写某，皆描形绘影；因物肖形，使读者说其解颐，忘其猛醒。"盛赞柳宗元寓言中主人公形象的生动鲜活。寓言是托辞以寓意的一种艺术形式，所托之辞是否恰当，是否能很好的为作者所要论述的观点服务是一篇寓言成功与否的重要因素。以《临江之麋》为例，麋犬初见之时，作者以"入门，群犬垂涎，扬尾皆来"加以描绘，先是以一入门狗便急不可耐而来之细节，抓住反应时间之快来表现狗对于麋鹿的垂涎三尺，紧接着又以"垂涎""扬尾"两个动作，一方面写出了狗当时的馋态，一方面又点明了狗对主人的阿谀讨好之形状，这就直接为下文狗因忌惮主人威势而与麋假意交好，而没有主人忌惮的"外犬"一见到麋就把它一哄而上抢着吃掉的情节打好了伏笔。文中传神的细节还有描写很多，

又如写犬畏主人，与麋鹿亲善之状，抓住了"啖其舌"这一典型动作，寥寥数笔，形神兼备，直接让读者感受到了二者的亲密无间。心理描写也很入微，写外犬见到麋鹿想要与它们嬉戏时"喜且怒"一方面高兴麋鹿将作为盘中大餐，暗合其贪婪的本性，一方面又怒，表现狗对于麋鹿竟敢公然挑衅自己都感到羞辱，可见二者在正常情况下麋鹿一定是应该对狗退避三舍的，从侧面表现出麋鹿的愚蠢。层层铺垫，面面俱到，故事主人公的特性表达的淋漓尽致，为主题的揭示打下了基础。

诚如郑振铎所言："韩愈、柳宗元诸作家，似亦颇有意于著作寓言。柳宗元尤为努力。他所作的永氏鼠、黔驴之类亦还有趣。在中古时代而见这种作品，有如在北地见几株翠柳绿竹临风摆摇，至可珍异。"柳宗元的寓言创作虽然在前代的基础上多有继承，寓言这种表现手法的应用在当时也并非独树一帜，但是还是以其独特的艺术魅力在文学史上留下了其浓墨重彩的一笔。

除去山水游记和寓言，柳宗元在其它文体的创作上亦成果颇丰，他的山水诗在高手林立的唐代仍然独树一帜，以其简劲刻峭，温丽靖深的特色被誉为柳子厚体，苏轼亦曾盛赞其"外枯中膏，似淡实美。"（《东坡文集》卷 67）。因为精神品质上与屈原的异质同构，他的辞赋作品不仅得骚赋的外在的流丽悱恻的形式，更继承了屈原《离骚》的精神内核，故而，宋代宋严羽《沧浪诗话·诗评》中称："唐人惟柳子厚深得《骚》学，退之、李观皆所不及。"他的论说文旁征博引驰骋古今，论述方式灵活多样，左右逢源，雄辩之风不压先秦诸子。总而言之，永州时期的柳宗元把一腔的忧愤和深沉的思考都化作了文字加以表现，从而在众多文学样式上都取得了极大的成就，据学者考证，柳宗元在永州集文 312

篇，诗歌83首，这占了他一生著述的四分之三，是一笔厚重的文化财富。永州十年虽然是柳宗元困顿的十年，但失之东隅，收之桑榆，苦难亦成就了他不朽的万世文名。

五、不得志于今，必取贵于后

> 贤者不得志于今，必取贵于后，古之著书者皆是也。
>
> ——《寄许京兆孟容书》

永州的日子因为心情的抑郁和闲居的无所事事而显得格外的漫长。即便是"施施而行，漫漫而游。日与其徒上高山，入深林，穷回溪，幽泉怪石，无远不到"，也终究还有大把大把寂寞的时间需要打发。而这时的柳宗元也渐渐意识到了政治上东山再起希望的极度渺茫，于是他用读书立说这样的方式一方面"幽沉谢世事，俯默窥唐虞"（《读书》）去博览古今以自娱，萧散拘囚生活，获得精神上的自我解脱，另一方面，也希望在立德、立功均告失败的前提下以立言的方式来实现自己的人生价值。所以，正如韩愈所说，这时的柳宗元"居闲，益自刻苦，务记览，为辞章，泛滥停蓄，为深博无涯矣"。他以相对冲淡的心境，和相对富足的时间广泛的博览群书并在此基础上检点典籍，博古通今，自己重新去思考研读并继承扬弃历史遗产。此外，十年的蛰居生活中，柳宗元进一步与人民有了紧密的交往，切身的接触到当时广大农村最为真实普遍的生活，并与僧侣有所往来，对佛学开始颇有涉足，这些阅历无疑成为他思想、创作中的一笔极为宝贵的财富。

应该说，永州时期的客观环境是并不适合于作家的创作，这里地处蛮荒，文化氛围自然不比长安。柳家的千卷藏书也都留在

了长安城中的老宅，柳宗元曾废了很大的精力通过各种途径收集到一些书籍，自己爱若珍宝，但永州气候干燥多火灾，五年之间，四次遭遇火灾，每次慌不择路破窗坏墙，赤脚而出，才仅仅能免于被烧死。故而，书籍总是在火灾中烧毁撕坏，不知所踪。每次经历火灾，柳宗元总是连着好几天内心惊恐，心有余悸。除了这些客观的因素之外，柳宗元此时自身的身体与精神状态也都极为不佳。这一点在他给友人的信件中多有描述，如《与裴埙书》写到"楚南极海，元冥所不统，炎昏多疾，气力益劣，昧然人事百不记一，舍忧栗则怠而睡耳。"又《与杨京兆凭书》："虽有意穷文章，而病夺其志矣。每闻人大言，则蹶气震怖，抚心案胆，不能自止。"可见此时柳宗元的记忆力和体力、精神都大不如从前。可是即使在这样种种的艰难困苦之中，柳宗元还是以极大的毅力克服了种种无法想象的困难，努力投身于著书立说之中，其自强不息的精神直到今日还是令后人由的衷敬佩与感叹。也正是因为这样的一份执着与坚持，也让永州时期的柳宗元在文学思想、政治思想、哲学思想方面都收获了极大的成功

（一）永州时期的政治思想

"夫知足与知止异，宗元知足矣。若便止不受禄位，亦所未能。"这是柳宗元在给杨凭的信中，自我表白的一句心里话。在柳宗元的意识之中，虽然被迫谪居于永州荒蛮之地，不能在政治上建功立业，执政为民，但是"兴功力，致大康于民，垂不灭之声"却始终是他不曾放弃的理想与深入骨髓的责任感。故而，永州时期的柳宗元依然密切的关心着时事民生，积极的反思探索，形成了许多很有价值的政治思想与见解。

"仕虽未达，无忘生人之患"，自从谪居永州，柳宗元真真切切的与当地的劳动人民有了充分而密切的交往，他在感情上接近了农民，产生了"农事诚素务"这样对农民农事的由衷赞美，更由长安时期对于民生的抽象认识，升华为对于农民饱受剥削压迫，农村生活凋敝的现实的亲见亲闻，这不仅使他创作出了诸如《田家三首》《捕蛇者说》这样极富有现实性和批判性的诗作，更让他透过具体丰富的现实材料，进一步提出了一系列具体的政治主张为民请命。首先，他看到了赋税方面的弊政，在《答元饶州论政理书》中他与元姓的饶州刺史讨论了赋税改革。文中，柳宗元首先盛赞了他"类非今之长人者之志，不惟充赋税养禄秩足已而已，独以富庶且教为大任。"强调人民不仅有义务交纳赋税保证国家赋税征收以供给官吏薪俸，保证国家机器的正常运转，更因此而有权力要求食其赋税为俸的官者们有效的治理州县，并大兴教化，保证人民的安居乐业。使人民生活富裕，人丁兴旺，这是官员们的的重大职责。其次，他在文中提倡了均赋思想，即适当减轻贫户负担，增加富户赋税。杨炎、陆贽等推行的两税法其实就是这个思路，但是柳宗元通过长期的民间见闻认识到两税法的实施并没有真正意义上解决"贫者愈困饿死亡而莫之省，富者愈恣横侈泰而无所忌"的贫富不均问题，而这一问题的根源则在于"贿赂行而征赋乱"，他进一步解释到"苟然，则贫者无资以求于吏，所谓有贫之实而不得贫之名，富者操其赢以市于吏，则无富之名而有富之实。"即在赋税征收的过程中，富者向官吏行贿，从而隐瞒资产，虽有富之实，但却不去承担富者所应交纳的高额赋税。贫穷着因为没有向官吏行贿，官吏为了完成税收额便把本应由富人承担的赋税转嫁于贫者头上，他们虽没有那么多的财产，

却被硬说成小康之家，从而承担很重的赋税负担。如此循环往复，则贫富差距越来越大，剥削压迫越来越严重，最终将成为社会不稳定的巨大隐患。这种认识是十分尖锐而深刻的。其次，针对如何真正的提高人民的生活水平，他在《晋问》中提出了"民利"思想，这是相对于"利民"而言的，所谓"利民"是为政者制定各种政策实施种种措施去"惠民"，而所谓"民利"则是引导老百姓通过自身的努力创造财富。这其实包含两点意思，一是紧承着他《种树郭橐驼传》的思想，要求官吏们不要打着"勤政爱民"旗号，或是施加各种苛政劳役等负担，或是悖离了民众的心愿，专断行事、胡乱作为，扰民侵民。要满足百姓合理的生活欲望，给他们一定的自由的发展空间。二是强调"授之以鱼，不如授之以渔"，要通过教化，引导等方式，切实的提高人民的道德素质和劳动素质，让他们自觉地遵纪守法，有效的劳动生产。强调了人的价值和能动性。这无疑是封建时代为政思想的一个质的飞跃。

此外，写于永州的政论《封建论》，是柳宗元政治思想的又一座高峰。所谓封建是指分封诸侯国作为行政机构进行统治的制度，诸侯国名义上隶属于中央，其统治者——诸侯，一般又由功臣和皇族担任，实行世袭制，诸侯国中的土地和人民归诸侯所有，享受其赋税，向中央进贡，并有一定相对独立的人事任免权与行政权，实际上是国中之国。它与郡县制相对应。所谓郡县制，是在统一国家的大前提之下，设立郡县两级行政机构，地方长官由中央直接任免调动，代表中央实行行政管理，只有行政权而没有封地，对中央负责。郡、县的主要官吏，职责各有分工，相互牵制。分封制的弊端在于其地方分权的性质，实际上是把国家分裂为若干封地，各自为政。诸侯国在前期虽然还听命于中央，但在其发

展起来可以与中央抗衡的时候就必然会想要取而代之，春秋战国时期那种战乱和分裂就是分封制的恶果。但是，从朝中的皇室成员和功臣高官的角度来看，分封制是完全符合他们的利益的，所以他们用分封是圣人古法不可违背，秦朝行郡县制却短命而亡两大理论说法为自己进行争辩。柳宗元在这篇文章中充分发挥了自己逻辑思维的辩证性和证据古今，出入经史百子的雄辩之风，对其分别加以批判。对于分封制是圣人古法这一说法，柳宗元相应的提出了"势"的概念，认为"彼封建者，更古圣王尧、舜、禹、汤、文、武而莫能去之。盖非不欲去之也，势不可也。"即分封制并非古代先贤主观上的选择，而是受到了当时形势的限制，是不得已而为之。这在当时是一种超过了同时代人所能达到的高度的认识，它一方面反对了盲目的从古泥古，认为所谓的圣人之言也会因为某种社会与历史的原因而有所局限。另一方面，敏锐的认识到了"势"作为一种客观现实，哪怕是圣人也要服从于它，任何人任何事都要符合客观的形式和情况，不能仅凭主观臆想。针对秦朝行郡县制却短命而亡，夏、殷、商、周行分封保持了多代的统治从而认为分封比郡县优越这一论点，柳宗元没有把目光停留在这一表面现象，而是在对众多历史事实分析综合的基础上，提出秦朝的短命与夏、商、周数代统治与其实行行分封还是郡县并没有必然的联系。对此他博古论今举出了正反两反面的例证，一方面东周其实已经名存实亡，而它几百年的天下大乱，诸侯无义战恰恰是分封制的恶果，此外汉、曹魏，晋都行分封却依然短命而亡，而唐行分封却已有百年国运。另一方面，秦朝的灭亡在于"亟役万人，暴其威刑，竭其货贿"以致激起人民的愤怒。其灭亡"咎在人怨，非郡邑之制失也。"为什么这样说呢，因为在当

时起义是"有叛人而无叛吏"，只有人民起来反抗，并没有官员拥兵自重的现象，直到最后官员也没有形成割据势力，底层的人民虽怨恨朝廷，而朝中的官吏始终对其有敬畏之心。到了汉代，郡县制与分封制并存，但是叛乱的只有诸侯国却没见有哪个郡县起来造反，可见封国才是国家不稳的不安定因素，而郡县却不会造成这种威胁。接下来，柳宗元又以历史事实对比了分封制和郡县制之下的政治状况，例举了分封的弊端并否定了它表面上的优势，得出郡县优于分封的结论。但他并没有就此停止，唐代实行的就是郡县制，故而分封与郡县孰优孰劣之争现实意义并不是很大，柳宗元此文的最大目的也不在于此，而是要宣扬一种以人为本的政治观和不因人废言的实事求是的历史观。他指出，秦朝虽然实行了郡县，但是仍然不能就因此能保证千秋万代的统治，是因为如果郡守、县令不能很好地治理人民而施加残酷的刑罚、繁重的劳役，那么郡县制就不能很好的发挥其作用，如果激怒了人民"负锄梃谪戍之徒，圜视而合从，大呼而成群"则一样会被推翻，总之郡县虽好，但它与分封制都只是一种手段，关键在于实施政治的人的选择以及它能否得到民心。故而以古鉴今，唐王朝一方面要坚持郡县制，另一方面更要选贤任能，安抚人心，重视人的价值与能动性，这便是柳宗元以人为本的思想。另外，柳宗元还看到，商汤、周武王虽为圣君，但他们行分封亦不是大公无私而是出于保卫子孙的私心，秦始皇虽然暴虐，虽然其行郡县的目的在于巩固个人权威，但是秦朝用废除分封诸侯的办法来作为制度，是最大的公。实事求是，不为尊者讳，亦不因其人品或行为初衷而否定其客观的历史贡献，这种公正客观，实事求是的历史观无疑是我们以史为鉴的基础。总之，《封建论》以其深邃超前的思

想和汪洋恣肆的论辩在文学和思想史上产生了很大的影响，成为柳宗元的代表作，几千年后，毛泽东仍在为柳宗元的杰出思想和深刻论辩所感叹，作诗赞扬到：

> 劝君少骂秦始皇，焚坑事件要商量。祖龙魂死业犹在，孔学名高实秕糠。百代多行秦政治，十批不是好文章。熟读唐人封建论，莫从子厚返文王。

（二）永州时期的哲学思想

除了政治思想上的成熟，柳宗元的哲学思想此时也有了长足的发展。其中最为后人所称道的莫属他坚定地以唯物论思想去批判君权天授，天人感应的思想理论。

所谓君权神授，是指帝王的帝位是由上天所赋予的，代表上天来人间进行统治，这是传统儒家为证明君王政权的合法性所提出的理论，因维护了君王的统治而在千百年来得到历代统治者的一致推崇，又因为其被众多大儒所反复强调而成为了儒家一条神圣而不容置喙的金科玉律。但是，柳宗元并不是一个因人废言的人，同时也不会因为所谓的"圣人之言"而对一种理论不假思索的人云亦云。他在阅读了大量书籍掌握了众多历史事实之后认为，所谓的无所不知，无所不能主宰着人间命运的"天"是并不存在的，而所谓的君权亦"受命不于天，于其人"。这就从根本上否定了天命的神秘性和崇高性，而极大的提高了人的价值。

《贞符》是永州时期的柳宗元极为重要的一篇哲学著，它的批判矛头对准了君权神授的重要理论支撑——符命论。为了宣扬君

权天授，为天授予君王权力找到看得见摸得着的证据，东汉董仲舒进而提出了符命论，他说："天之所大奉使之王者，必有非人力所能致而自至者，此受命之符也。"（《汉书，董仲舒传》），即说凡是上天要降临他的旨意封某人为君主，必然会有一些人力所不能达到的奇异现象出现，这就是君王受命于天的表现。接着他搬出了儒家传统经典《尚书》中的记载作为论据，说武王伐纣，渡黄河时有白色的鱼跃进船舱，观兵於孟津时又有流火从天而降，落在武王屋顶，化为了一只有三只脚的红色乌鸦，这些都是上天的符命所在。自此，符命论大兴，历代君王都要找出点祥瑞之兆来证明自己政权的合法性。这在自司马相如、刘向、扬雄、班彪等人的文章中均有提及和宣扬，柳宗元却尖锐的指出这些所谓的先贤之言是"斯皆诡谲阔诞，其可羞也"，完全是荒诞无稽的诡诈欺骗，简直达到可耻的地步。他先以汉平帝、王莽等人获"祥瑞"而仍然身死国亡的反例来证明了所谓福瑞之兆并不灵光，"未有丧仁而久者也，未有恃祥而寿者也"。接着又博古论今，从汉唐获得政权的过程中，指出了真正的符命是仁政德治的实施获得了人民的支持，即明确提出帝王"受命不于天于其人；休符不于祥于其仁"这些观点不仅充分体现了柳宗元德治与仁政的政治理想和以人为本的治国理念。更为人民历史政治地位的提成提供了现实的理论依据。

除去《贞符》之外，永州时期的柳宗元还有《天说》《天对》《非国语》等众多哲学著作进一步阐述自己的思想，它们与《贞符》实则一脉相连，互为支撑。对"君权天赋"的哲学基础"天人感应"论提出了理论上的批判。早在长安时期，柳宗元的《时令论》等就已经提出了违反所谓时令会遭到上天惩罚这种天人感

人论的不可取，但当时主要是从现实角度，阐述刻意迎合天命的政治危害。这一次，他则侧重于从哲学角度直接否定天人感应。，还原天作为一种自然物质存在的客观本质，从而不仅仅否定了君权天赋，还否认了一切天命论和所谓的祸福报应论。《天对》主要是以道家的朴素唯物主义思想——元气论，来解释"天"的产生和万物的运动。认为天与万物皆是由元气构成，它们无外是阴阳二气这种客观物质运动变化的结果，不存在有意志的天帝和其他神秘的动力。《非国语》进一步把《国语》这部儒家经典之作中以天人感应为基础的一些封建迷信的内容贬斥为"愚诬"之说，并一一加以相对客观科学的解释，是对于《天对》进一步的论证和支持。《天说》的写作则是缘起于韩愈《与崔群书》中天人相对的观点，韩愈认为就如同虫类的存在会破坏瓜果草木一样，人的存在破坏天地元气，故而为恶之人能减少人类的发展繁衍，是"有功于物"，上天就会对他进行奖励，反之，如果使人类繁衍生息就是天地的仇人，会被加以惩罚。这或许是韩愈长期沉居下僚，饱受不公待遇而发出的对天命不公的愤愤之词，但柳宗元进一步在对韩愈观点的反驳中论述自己天人相分的观点。他先是接过韩愈把人类危害天地元气如同虫类危害瓜果草木一样的话头，指出天、地、阴阳与果瓜、草木等是同样的客观物质存在，它们异质同构，天不过是大瓜果大草木而已。故而它根本没有意志，不能赏功罚恶，"功者自功，祸者自祸"，人类的祸福都是自己行为的结果与天的赏罚没有关系。故而以为天能赏罚，寄希望于天来主持公道奖赏惩罚，从而对天呼叫喊冤，希望其怜悯和仁慈，是极其荒谬的，人坚持仁义的信念也也不应是一种道德的投资，为了因此得到上天的眷顾，而应该是一种发自内心的信念，不在乎是

否得到善报。至此，柳宗元已经对所谓的天人感应，君权天授予以了多角度多层次的深刻批判。

柳宗元在永州时期另一个哲学思想上的闪光点则在于其以儒统佛的思想观念。柳宗元的母亲本就信奉佛教，加之初到永州之时柳宗元曾寄居于寺庙，佛家的避世修身思想亦有助于他精神上的自我解脱。故而柳宗元曾一度与僧侣交往甚密，并对佛家思想有过很深的研究。这遭到了韩愈"不斥浮屠"的严厉批评，韩愈认为佛教是夷狄之法，有伤圣人之道。柳宗元为此写了《送僧浩初序》回答韩愈的批评。针对他"不斥浮屠"的批评，强调"浮屠，诚有不可斥者"。柳宗元在文中比较全面的总结和阐述了自己对于佛教的观点，首先他表示自己并非崇佛，信佛，而是赞同佛教思想中的某些合理观点和僧侣的某种为人之道。相比于世人的追名逐利，倾轧陷害，佛教徒那种与世无争，修身自持的宗教道德是值得推崇的。更何况佛教中有与儒家思想的相通之处，它也包含很多可以"佐世"的东西，就像先秦诸子的一家之言，是可以且应该被儒家思想加以吸收和借鉴的，这才是儒学永葆活力的途经所在。故而"浮屠诚有不可斥者，往往与藏导，《论语》合，其于情性奭然，不与孔子异道"，"虽圣人复生，不得而斥也"。其次，针对韩愈认为的佛教属于夷狄之法的观点，柳宗元认为不应因人废言，存在文化上的地域种族歧视，而应本着一种公正客观，实事求是的态度，兼收并蓄，择善而从。这些观点无论是在当世还是现在都是很值得我们加以学习和继承的。

(三) 永州时期的文学思想——柳宗元与古文运动

古文运动是柳宗元和韩愈共同倡导的一场文学改革，但从时

间上来说，韩愈确有首倡之功，早在柳宗元还在长安之时，仕途不顺的韩愈已经有了大量的古文创作并明确的提出了"思修其辞，以修其道"的理论主张。而正如柳宗元自己所说，"始吾幼且少，为文章以辞为工"，柳宗元早年为应付科考和朝廷文书写作的需要，虽然也支持古文运动并提出了一些比较中肯的理论意见，但是在写作上较多表现出骈化倾向，颇以文辞为工。且忙于政事的他，文学创作上的影响也不及韩愈。到了永州以后，柳宗元的创作比较自由，形式上不再为外事所限，他逐渐从自己大量的文学创作和对当代文学现状的总结思索中对文与道的关系有了新的认识。即所谓："及长，乃知文者以明道，是固不苟为炳炳烺烺，务采色，夸声音而以为能也"，此外他还以实际的创作践行着自己的文学理论。此时柳宗元的文学创作早已飞越了永州的群山，在全国的范围内引起了极大的反响。特意远赴永州，登门拜访的青年学子络绎不绝，而寄信求教教者更是不计其数，柳宗元在文坛上已经是名副其实的领军人物，这也在客观上使柳宗元能在提拔后学的过程中，真正弘扬自己文学理论。总之，永州时期的柳宗元已经成为韩愈古文运动最重要的战友，在他们的共同努力之下，古文运动盛威大振，以破竹之势蔓延全国，及时的扭转了唐代散文发展的颓势，使散文的发展沿着健康的轨迹得以进行。而柳宗元主要的文学思想，亦在这场声势浩大的运动中得到了充分的阐释和体现，并在此后的数百年中一直影响着后代文人的散文创作。其文学思想归结起来大致有以下几点：

其一：文者以明道

这是柳宗元的文学思想中也是整个古文运动中最为核心理论所在。这里的文是指区别于骈文的散文而言的。之所以强调以古

文替代骈文主要原因有三：第一，骈文华美流丽，但也容易因此为形式美所困，在论述上远不及古文酣畅便利。第二，古文运动所宣扬的，是以孔孟之道之主的儒家传统道德理论，而他们的著作大多是以散文的方式写成的，散文的地位因此而被抬的很高，散文被认为是更适于表现圣人之道的形式。其三：齐梁浮靡的流风在当时大行其道，文坛之上普遍出现了片面的追求形式、辞采、声律之美，而内容空洞，文风卑弱的弊端，文章的政治与教化功能没有得到实现。基于这样的认识，柳宗元也对骈文持批判态度。在《乞巧文》中，他讽刺骈文是"眩耀为文，琐碎排偶；抽黄对白，嘻哜飞走；骈四骊六，锦心绣口；宫沉羽振，笙簧触手；观者舞悦，夸谈雷吼；独溺臣心，使甘老丑"，批评骈文徒有华丽的外表，并因此而常常迷惑人心，但实际上并没有深刻的思想和充实的内容。柳宗元认为文章的作用是用来阐释圣人之道，这就是所谓的"文者以明道"，因而，拥有有深刻的内容去阐述圣人之道，才是文章的灵魂。形式是要为内容服务的，不可仅仅追求文学的审美功能，而忽视其思想内容。即"不苟为炳炳烺烺，务采色，夸声音而以为能也。"他和韩愈共同提出要以三代（夏商周）两汉的古文作为写作的范式，韩愈认为"非三代两汉之书不敢观"（韩愈《答李翊书》），柳宗元则进一步将其细化为"本之《书》以求其质，本之《诗》以求其恒，本之《礼》以求其宜，本之《春秋》以求其断，本之《易》以求其动"又"参之谷梁氏以厉其气，参之《孟》，《荀》以畅其支，参之《庄》，《老》以肆其端，参之《国语》以博其趣，参之《离骚》以致其幽，参之太史公以著其洁"，这就提出了具体的写作标准和借鉴对象，并要求"抑之欲其奥，扬之欲其明，疏之欲其通，廉之欲其节；激而发之欲其清，

固而存之欲其重"，强调以"抑、扬、疏、廉、激、固"六种写作手法，达到"奥、明、通、节、清、重"六种审美风格，较之韩愈的主张显得更加具有可操作性，为究竟如何学习古文、创作古文提出了建设性的写作方法。接下来，柳宗元又以自己的实际创作努力践行着自己的主张，以自己的作品形象的阐释自己的文学主张，从而形成了他"词甚约，而味渊然以长，气为干，文为支。跨跞古今，鼓行（盛行；风行）乘空。附离不以凿枘，咀嚼不有文字。端而曼，苦而腴。佶然以生，癯然以清。"（刘禹锡·《答柳子厚》）的为文风貌。总之在他与韩愈的共同努力之下，当时的文坛"排逐百家，法度森严，抵轹晋魏，上轧汉周"（宋祁·《新唐书·艺文志》），基本上用流畅自由的散文替代了僵硬空洞的骈文，全面的革新了书面语言和文章体裁。在当时浮华之风，骈俪之文深入人心的主流价值观下，这是需要很大的勇气的，石介《上赵先生书》中对此有这样一段记载："韩吏部愈，应期会而生。学独去常俗，直以古道在千数百年希阔泯灭已亡之曲，独唱于万千人间。众人耳惯，所听唯郑卫沈沈之声，忽然闻其太古之上，无为之世，雅颂正始之昔，恍惚茫昧。如丧聪，如失明，有骇而亟走者，有陋而窃笑者，有怒而大骂者。丛聚嘲噪，万口应答，声无穷休。爱而喜、前而听、随而和者寸唯柳宗元、皇甫湜、李翱、李观、李漠、孟郊、张籍、元稹、白乐天辈数十子而已。吏部志复古，奋不顾死，虽按斥摧毁，十百千端，曾不少改所守；数十子亦皆协赞附会，能穷精毕力，效吏部之为"，然而，尽管是在这样大环境之下，柳宗元还是坚定不移的践行并宣传着他"文以明道"的文学主张。在与韩愈及众多文学同道的共同努力下，最终"以一吏部数十子力，能胜万百千人之众，能起三数百年之

弊。"，正是因为古文运动中"文以明道"这一理论的成功实践，使得"唐之文章，所以坦然明白，揭于日月，浑浑灏灏，浸如江海，同于三代，驾于两汉"，成为文学史上力挽狂澜之笔。

其二："辅时及物"

古文运动的最终目的应该说是了为了政治服务，复兴儒学，弘扬圣人之道的最终目的是要经世致用，为现实政治服务。故而，柳宗元在他的《答吴武陵论非国语书》中说道："仆之为文久矣，然心少之，不务也，以为是特博奕之雄耳。故在长安时，不以是取名誉，意欲施之事实，以辅时及物为道。自为罪人，舍恐惧则闲无事，故聊复为之。然而辅时及物之道，不可陈于今，则宜垂于后。言而不文则泥。然则文者固不可少耶？"由此可见，柳宗元心目中的圣人之道是那些符合社会客观现实，能够真正的"利安元元"的思想和主张。他认为文章是弘扬圣人之道的工具，故而主张"文之用，辞令褒贬，导扬讽谕而已。虽其言鄙野，足以备于用。然而阙其文采，固不足以竦动时听，夸示后学。立言而朽，君子不由也。"他在日后针砭时弊，为民请命的文学创作中所表现出的强烈的社会责任感与民本思想即是对这种文学主张的践行。

其三：大中之道

柳宗元认为的道还不仅局限于此，他还包括一种兼收并蓄，实事求是的思想在其中。首先，他认为"道"不应仅仅局限于儒家之道，而应该是广泛的吸收了诸子百家和佛学、道家中的合理因素，并扬弃了古代先贤言论中一些荒谬落后糟粕的"大中之道"。反对盲目地厚古非今，认为"古人亦人耳，夫何远哉"（柳宗元《与杨京兆凭书》）。柳宗元对"荣古虐今者，比肩叠迹"（柳宗元《与友人论为文书》）的状况表示愤慨，指出当代好作家

不少，"若皆为之不已，则文章之大盛，古未有也"（柳宗元《与杨京兆凭书》）。他反对盲目的排外，拘泥于经典章句，认为"读百家书，上下驰骋，乃少得知文章利弊"。他在以儒统佛思想下，所作《曹溪》《南岳》诸碑，"儒释兼通，道学纯备"，就是这种"大中之道"的表现。

其四："文以行为本"

除了"道"，柳宗元还强调"文以行为本"（《答严厚舆秀才论为师道书》），认为文与人的品行操行不可割裂开来，一方面文章以作者的品行为基础。真诚是文字艺术魅力的重要源泉，另一方面看一个人的文章，要"即其辞，观其行，考其智"（《送崔子符罢举诗序》），不能只以文辞取人。从而要求加强作家的道德和人格修养。

其五：严肃的创作态度

柳宗元在《答韦中立论师道书》中说他自己作文："故吾每为文章，未尝敢以轻心掉之，惧其剽而不留也；未尝敢以怠心易之，惧其弛而不严也；未尝敢以昏气出之，惧其昧没而杂也；未尝敢以矜气作之，惧其偃蹇而骄也。抑之欲其奥，扬之欲其明，疏之欲其通，廉之欲其节；激而发之欲其清，固而存之欲其重，此吾所以羽翼夫道也。"这里讲的是一种严肃认真的创作态度，要求在创作中不能漫不经心地随便写作，以致文章浮滑而不深刻，不能偷懒取巧地写作，以致文章松散而不严谨；要求不能在自己态度都糊涂不清的情况下去写作，导致文章晦涩而又杂乱；要求不能以骄傲的心理去写作，以致文章盛气凌人而又狂妄。他主张抑制过分激动的情感以使文章含蓄，进行适当的发挥以使文章明快；加以合理的疏导以使文气流畅，进行恰当的精简以使文辞凝

炼；剔除污浊的言语以使文章清雅不俗，凝聚文气以使文章风格庄重不浮。这些都是保证文章可以很好的发挥其辅佐圣人之道的方法。柳宗元如是说也在创作中如是做，白氏金锁《云仙杂记》卷六就记载了柳宗元"沙上玩味成诗"的故事，据书载"柳宗元吟春水如蓝诗，久之不成，乃取九脚床于池边沙上玩味，终日仅能成篇"其反复吟咏，苦心推敲，严肃认真，一丝不苟的创作态度，几乎可以与以"苦吟"著名的贾岛比肩。正是本着这种严肃认真的创作态度，柳宗元的文章中没有走古文运动中一些人的极端，如皇甫湜、孙樵二人一般一味的"趋怪走奇"，使得古文发展到走上晦涩奇险的误区。

　　古文运动是柳宗元一生中最为耀眼的一抹亮色，它以其巨大的后世影响和现实意义一直为人们所称道。而柳宗元作为古文运动最重要的倡导者之一亦以其文学理论上远见卓识和大量践行着古文运动理论的优秀文学作品名垂青史。穆修在《唐柳先生集后序》的评价尤为中肯，他这样写到：

　　　　唐之文章，初未去周、隋、五代之气。中间称得李、杜，其才始用为胜，而号雄歌诗，道未极浑备。至韩、柳氏起，然后能大吐古人之文，其言与仁义相华实而不杂。如韩《元和圣德》《平淮西》，柳《雅章》之类，皆辞严义密，制述如经，能卓然筝唐德于盛汉之表蔑愧让者，非先生之文则谁与？

　　想必，柳宗元若泉下有知，亦可含笑了。

第四章：从此忧来非一事，岂容华发待流年
——柳宗元的柳州为政

一、十年憔悴到秦京，谁料翻为岭外行

　　元和九年十二月，柳宗元终于盼来了一个让他苦苦期盼了十年的好消息——皇帝有诏，追王叔文党赴都。

　　十年的光阴把当初那个意气风发的青年才俊变成了今日苍老多病的中年人，因为宪宗的耿耿于怀，权贵的打击报复，加之一些官吏的嫉贤妒能，朝中几次有正直之士提出要启用柳宗元、刘禹锡等的建议都因为反对势力过于强大，而如石牛沉海般不了了之。如今，在同情永贞革新的新任宰相韦贯之的力保之下，加之好友裴度和崔群等人的不懈努力，看似已经陷入无解的政治困境终于出现了转机，柳宗元此时真是欣喜若狂了。

　　"投荒垂一纪，新诏下荆扉。疑比庄周梦，情如苏武归"柳宗元如是描绘自己接到诏命时的兴奋心态。他一路向北，沿途赋诗明志，以抒发自己久旱逢甘霖的难以遏制的愉快心情："故国名园久别离，今朝楚树发南枝。晴天归路好相逐，正是峰前回雁时。"（《过衡山见新花开却寄弟》）"赐环留逸响，五马助征骓。

❖135❖

不羡衡阳雁，春来前后飞。"（《朗州窦常员外寄刘二十八（刘禹锡）诗，见促行骑走笔酬赠》）"十一年前南渡客，四千里外北归人。诏书许逐阳和至，驿路开花处处新。"（《诏追赴都二月至灞亭上》）透过这些诗句，我们今天似乎还可以感受到柳宗元当时那种归心似箭的心情，这不仅仅是源于得以远离瘴疠之地，回归繁华故园的兴奋，更多的是因为通过这次征召，柳宗元看到了自己可能再次得到重用，一展自己政治报负的希望。回想十年来，虽然远离朝廷，身处蛮夷之地，可是"利安元元"的理想却像汹涌的海浪时时拍打着他忧国忧民的内心，这是任他怎样寄情山水，闭门立书、求诸佛门都无法得以释怀的。也正因为如此，他始终做不了悠然世外，超脱红尘的隐士而始终是一个苦苦挣扎于理想和现实的巨大鸿沟的，报国无门怀才不遇的孤臣。或许，只有朝廷的重用，只有为国为民做出一番事业，才是唯一能够让他真正得到内心愉悦安宁的方式。所以现在，当朝廷的一纸诏书，在他十年的煎熬之后，终于又为他打开了建功立业的希望之门，柳宗元内心的激动实在是溢于言表的。柳宗元正月出发，几乎是马不停蹄，仅仅用了一个月就与刘禹锡共同回到了"帝都"长安。

然而，诗人往往是非善于自持的，在柳宗元心花怒放的同时，好友刘禹锡也同样喜不自胜，而相对于柳宗元的内敛自持，刘禹锡的态度就显得有点过于直白强硬了。他在回京不久就做了《戏赠看花诸君子》一诗，来抒发自己多年来的坎坷仕途终于柳暗花明的扬眉吐气之情，其云：

> 紫陌红尘拂面来，无人不道看花回。
> 玄都观里桃千树，尽是刘郎去后栽。

柳 宗 元

正所谓诗言志，歌咏言。诗，本就是用来抒发心中所想的，刘禹锡诗中以桃李新栽，讽刺那些为巴结皇帝而百般反对永贞革新诋毁八司马之人的小人得志，确实是他内心深处的心声，发乎于诗也是情有可原。然而，在封建专制的政治环境之下，言论是没有应得的自由权的。恃才放旷，直抒胸臆的后果往往是招致祸端。刘禹锡此诗本来就是故游"玄都观"，随手而写，"戏赠"给好友柳宗元等人的，可哪想因此而闯祸，直接导致了他和柳宗元等人的再次被贬。

其实，正所谓欲加之罪，何患无辞，即使没有刘禹锡的这首直抒胸臆之作，柳宗元他们的日子恐怕也不会好过。因为在最高统治者唐宪宗和朝中诸多达官显贵的心中，始终也没有放下对他们的仇视，他们所主导的主流舆论导向又会导致很多人的曲意逢迎或是备受蒙蔽。皇帝召回柳宗元等只是一时的权宜之计，他和他手下的众多文武百官仍在虎视眈眈寻找着机会将柳宗元等再次打压下去。《资治通鉴》卷二三九《元和十年》载："王叔文之党坐谪宫有，几十年不量移。执政有怜其才欲渐进之者，悉召至京师。谏官皆争言其不可，上与元衡亦恶之。"故而，在这种大背景之下，刘禹锡的诗最多不过是一个由头罢了。果然，《看花戏诸君子》诗一出，很快被别有用心的政敌加以利用，作为刘禹锡等一干人"毫无悔过之心"的证据，从而进谏说他们不适宜在朝廷任职，这顺应了唐宪宗的心意，他很快决定把柳宗元一干人全部派任偏远的地方作刺史。其中柳宗元任柳州刺史，刘禹锡任播州刺史。

在唐代，由六品无职无权的司马调任拥有军政大权的四品刺史，表面上，柳宗元他们的官是升了，然而，柳州比永州还远离

京城两千多里，播州更是西南边陲之地，远在今日的贵州遵义市，虽名为一州，实则据《唐书地理志》记载，当时的播川郡仅有"户四百九十口，二千一百六十八人"，且其人口主要由少数民族构成，是典型的地广人稀的荒蛮之地。皇帝的明升暗降，真是"官虽进而地益远"，旨在把柳宗元他们打发到更为边远贫穷之地去受苦，就此远离政治中心，名为改任实同发配。对于柳宗元等人来说，本以为这次的征召，不仅可以攘除罪籍，甚至可能得到重用东山再起，至少也可北归长安。可哪想到空欢喜一场不说，到头来还落得"发配边疆"。明眼人都看得出来，宪宗对柳宗元他们的态度至今仍是怀恨在心，恐怕此生此世，柳宗元他们在政治上也再无翻身的可能。有人弹冠相庆，有人扼腕叹息，也有人避之不及，而柳宗元却在这个时刻又做出了一个惊人的举动——上奏宪宗。

出乎所有人的意料，柳宗元这次的上奏不是为自己辩解，更不是向皇帝认罪祈怜，他要做的，却是要求皇帝将他与刘禹锡的任职之地对调。众所周知，刘禹锡的《看花戏诸君子》是这次事件的直接导火索，正是因其"语涉讥刺"才使"执政不悦"，故而在这次贬谪之中，他所被贬往的播州是这其中最为荒蛮贫穷的。柳宗元将去的柳州虽然也是偏远之地，但相比而言还是要比播州好上许多的。那么，柳宗元又为什么要这样做呢？对此，韩愈在《柳子厚墓志铭》中有着比较详细的记录，其文如下：

其（指柳宗元）召至京师而复为刺史也，中山刘梦得禹锡亦在遣中，当诣播州。子厚泣曰："播州非人所居，而梦得亲在堂，吾不忍梦得之穷，无辞以白其大人；

且万无母子俱往理。"请于朝，将拜疏，愿以柳易播，虽
重得罪，死不恨。

原来，柳宗元是不忍好友的老母因此事与刘禹锡同往播州，
才有此举。播州距京师有四百四十五里之远，且沿途崇山峻岭，
尤为颠簸劳顿。柳宗元自年轻时即与刘禹锡志是志同道合的好友，
二人共同积极参加"永贞革新"，被并称之为"刘柳"，永州十年
中，二人又同贬湖南，虽然一处永州，一处朗州（今常德），但多
年来书信往来不断，不仅在学术上互相研究探讨，更在生活上相
互关心照顾，精神上相互慰藉，始终不离不弃。可以说十几年宦
海沉浮，人生磨难，已经把两个人变成了无话不谈，情同手足的
异姓兄弟。当时，刘禹锡的老母已经年近八十，却面临着要与刘
禹锡车马劳顿，翻山越岭到荒蛮之地的命运。柳宗元不禁想到了
自己的母亲卢氏当年跟随自己赴任永州，因颠沛流离，水土不服，
不幸病故的先例。忆及当年往事，那种"穷天下之声，无以舒其
哀矣。尽天下之辞，无以传其酷矣"的丧母之痛与深深愧疚，虽
经岁月沧桑，却仍然萦绕心头，当年自己丧母之时可谓叫天天不
应，叫地地不灵，他由己及人，不忍好友刘禹锡重蹈自己覆辙，
背负这一辈子无法抹去的伤痛。因而，明知宪宗对自己已经是耿
耿于怀，随时都在伺机打击报复。但是他还是毅然冒险上疏朝廷，
表示虽死不恨，只求与刘对调赴任之地。他的义举当时就在朝中
的掀起轩然大波，朝臣纷纷为他这种高风亮节之行所打动。在赵
璘的《因话录》中有这样一段记载：

　　宪宗初，征柳宗元、刘禹锡至京。俄而，以柳为柳

州刺史，刘为播州刺史。柳以刘须侍亲，播州最为恶处，
请以柳州换。上不许。宰相对曰："禹锡有老亲。"上
曰："但要与恶郡，岂系母在？"裴晋公进曰："陛下方
侍太后，不合发此言。"上有愧色。既而语左右曰："裴
度终爱我切。"

　　唐宪宗对柳宗元他们真可以说是恨之入骨，虽然永贞革新已
过去了整整十年之久，且这一次柳宗元、刘禹锡他们又将被贬往
更加偏僻的所在，唐宪宗面对柳宗元的祈求仍然态度强硬不为所
动。虽然裴度动之以情，以刘禹锡八十岁的老母为由试图让宪宗
网开一面，但耿耿于怀的宪宗竟然愤愤地说出了"但要与恶郡，
岂系母在？"（我没把他贬到荒蛮之地前，刘禹锡怎么没想到自己
还有老母要奉养呢）。这一次，连宰相都看不过去了，他直接指责
宪宗说宪宗也有母亲在世，平时也是母子情深，强调孝道，怎么
能就忍心让刘禹锡母子阴阳相隔呢？一语直戳宪宗软肋，理屈词
穷的宪宗冷静下来一想，或许也考虑到朝中对此事的舆论所向，
才认识到如果不是裴度进言，自己真的把刘禹锡贬到了播州，恐
怕就会引起朝臣不满，丧失人心，故而决定把刘禹锡贬到了相对
条件优越的连州。

　　对于柳宗元上书请与刘禹锡调换赴任地一事，《资治通鉴》
《新唐书》《旧唐书》等等史集都有所记载，虽然在很长一段时间
里，由于政治上的原因统治者一直将柳宗元定位为政治投机者而
直接导致了史书编撰中对于柳宗元的评价不高。但是对于柳宗元
此次的义举，即便是那些对他颇有微词的史传和作者也无法抹灭，
也都从内心里表示深深的折服。韩愈在《柳子厚》墓志铭中对此

事更是由衷的感慨，他这样写到：

> 呜呼！士穷乃见节义。今夫平居里巷相慕悦，酒食游戏相征逐，诩诩强笑语以相取下，握手出肺肝相示，指天日涕泣，誓生死不相背负，真若可信，一旦临小利害，仅如毛发比，反眼若不相识，落陷阱不一引手救，反挤之，又下石焉者，皆是也。此宜禽兽夷狄所不忍为，而其人自视以为得计，闻子厚之风，亦可以少愧矣。

在韩愈看来，在危难关头时才能看出一个人的气节和道义。而当时很多人平日里互相敬慕爱悦，相邀饮宴，追逐游戏，相互吹捧强颜欢笑以示谦卑友好，握手发誓以见肝胆相照，指天画日，痛哭流涕，表示死也不会背弃朋友，似乎像真的一样可信。然而一旦碰上小的利害冲突，哪怕只有毛发一般细微，也会反目相向，装出从来不认识的样子。若你真是深陷困境，他不但不伸手援救，反而乘机排挤，落井下石，虽然这种事情恐怕连禽兽和异族都不忍心去做，而这样做的人却大有人在，且都自以为得计。如果他们听到子厚的为人风度，一定会暗自惭愧。韩愈一生自视颇高，且在政见上与柳宗元实则南辕北辙，但是即使是这样一个人，仍然对柳宗元此举有如此之高的评价，也就不难理解为什么后世之人会对柳宗元的为人之道高山仰止了。

二、仕虽未达，无忘生人之患

阳春三月，长安城中一派春光融融，柳宗元十年魂牵梦绕的故园正是花红柳绿，莺歌燕舞，这本就繁华的长安城比平时更平

添了几分生机和美丽。而此时，刚刚回到这里不满一个月的柳宗元，或许还没有来得及翻看亲仁巷老屋中他日夜想念的那三千卷御赐藏书，或许还没来得到自己时时牵挂的先人祠堂中奉上一炷清香，然而，他却不得不踏上远征的道路，他不知道，这一走，就再也不会回来了……

在这次任命中，刘禹锡被任命为连州（今广州东北部）刺史，柳宗元被任命为柳州（于广西壮族自治区中北部）刺史，他们同路到湖南，于衡阳分别，二人依依不舍，都深感宦海沉浮，世事难料。步入中年的他们有过理想志向，有过峥嵘岁月，也有过愤愤不平，而走到了今天，却只剩下了深深的疲惫和伤感。在衡阳，柳宗元作了很多诗篇表现这种无奈感伤之情，如其《衡阳与梦得分路赠别》：

> 十年憔悴到秦京，谁料翻为岭外行。
> 伏波故道风烟在，翁仲遗墟草树平。
> 直以慵疏招物议，休将文字占时名。
> 今朝不用临河别，垂泪千行便濯缨。

此诗为柳宗元与刘禹锡衡阳作别时所作，首言先贬十年在外，已经是形容憔悴。后终于得诏回到秦京（长安），本将图大用，怎料却遭飞来横祸，反倒再次被贬谪到了更为偏远的岭外。所谓"岭外"，指的是五岭以南地区，即今广东、广西一带。在唐时，这里不仅因道路不通而显得尤为闭塞和偏远，更因为其迥异于中原的气候和落后荒蛮的少数民族文化而被中原人视为瘴疠之地，蛮夷之所。故而，中原人都把去岭南生活视为畏途。颔联用典抒

柳　宗　元

情，伏波故道用的是汉光武帝时伏波将军马援的典故，他南征交
趾（今广东、广西的大部分和越南的北部、中、部）时，也曾由
此南下。柳宗元和刘禹锡分赴柳州和连州，走的正是当年伏波将
军所走过的路。"风烟在"指风光景物依旧。这里是用伏波将马
援当年雄赳赳气昂昂南征交趾建功立业的盛事与今日刘柳二人黯
然离京，被贬岭南，政治上可能就此再无翻身之日的困顿窘境作
以对比，表现出二人此时的绝望与凄凉。"翁仲"句则应用了秦
时大将阮翁仲之典，翁仲为秦始皇大将，在统一六国中立下功劳，
死后秦始皇为记其功绩，将其铸为铜像立于咸阳城司马门外，因
其生前身高一丈三尺，勇猛非常，匈奴人来咸阳，远见该铜像，
还以为是真的阮翁仲，不敢靠近。于是后人就把立于宫阙庙堂和
陵墓前的铜人或石人称为"翁仲"。此处是用来指衡阳湘江西岸马
援庙前的石人。这句诗是用来描写马援虽然当年战功卓越，显赫
一时，然而随着时间的流逝，他的庙宇之前也只剩下了一片废墟，
高大的石人都已经为野草树木所埋没，再无当年盛状，唯有一片
荒凉。一种物是人非，繁华易逝之感油然而生。生前风光无限，
战功卓越的马援都已经随着时光的流转为人们所遗忘，更何况身
为贬谪孤臣，政治上抑郁无为的刘柳二人呢，正所谓"功名富贵
若长在，汉水亦应西北流"，所谓功名富贵都不过是过眼云烟，世
事沧桑，又怎会长久呢。思及此处，一种颓然，厌倦之情蓬勃而
出，故而直引出颈联"直以慵疏招物议，休将文字占时名"。的感
叹，"直以"意为只因，"慵疏"意为懒散粗疏，"物议"意为
众人的非议，这是愤极而言的反语，实指柳刘二人只因为坚持革
新、不肯向旧势力屈服才遭到了守旧派的攻击和毁谤。这无疑是
作者的不平之鸣。休将文字占时名，则是指不要拿自己的文章再

去博取当世的名声。众所周知，刘柳二人都是进士出身，又以其卓越的文学才能为当时所推崇，成为了王叔文改革集团的肱骨之臣。而也恰恰是因此获罪，又在以后的十几年中一直因为才高望众，为朝中众人所忌惮，令皇帝尤为不悦。柳宗元在此发此感慨，实际上是思及古人富贵功名转瞬即逝，又想到自己与刘禹锡一心"立德立功立名"才遭致今日祸患。如此想来实觉自己所热衷的政治事业实则不过南柯一梦，柳宗元此时对于政治的厌倦之情溢于言表。"今朝"二句化用相传为汉代李陵赠别苏武的诗句"临河濯长缨，念子怅悠悠"的诗句，说不用像李陵、苏武那样到河边"濯长缨（古时系帽子的带子，多为达官显贵服饰）表示惜别，因为"垂泪"之多，已经可以"濯缨"了，以夸张的艺术手法直抒胸臆，感伤之情力透纸背。

从当年的"利安元元"到今日的"休将文字占时名"，二十几年的宦海沉浮让柳宗元身心俱疲，然而柳宗元之所以成之为柳宗元，靠的就是他那种百折不挠，一心为国的近乎倔强的忠诚和坚持，所以，虽然在诗中早已看开了人生如梦，繁华易逝，虽然明知此行是一身去国，万死投荒，可是感慨过后，他还是收整起自己的绝望与悲伤，去履行作为一个官员所应为人民尽到的责任，这就是柳子厚的伟大之处！经过三个多月的车途劳顿，柳宗元终于来到了柳州，他没有就此消沉，混沌度日，而是吟出了"从此忧来非一事，岂容华发待流年"之句自我激励，表示虽然今后必定世事艰难，忧心劳顿，但是仍旧要适应自然环境，克服重重困难，而是不坐待似水年华枉自流逝过去。在他人生的最后四年之中，这句诗像一句座右铭，时时激励着柳宗元以全部的精力和生命在柳州这个荒蛮之地，尽心竭力，为民谋福。用自己的行动践

行了"仕虽未达，无忘生人之患"的为政之道。

　　唐朝在西南边疆少数民族地区普遍建立羁縻州，虽有州县之名，而刺史、县令多以部落酋长、军事首领担任，对朝廷叛服无常，朝廷亦对其"来而不迎，去而不迫"。柳州地处西南边陲，天高皇帝远，虽名义上隶属中央，然而，对其内部之行政，中央实则少加过问。当时的柳州"阴森野葛交蔽日，悬蛇结虺如葡萄。到官数宿贼满野，缚壮杀老啼且号。饥行夜坐设方略，笼铜木包鼓手所操。"（《寄韦珩》）不仅自然环境极为恶略，而且作为少数民族聚居区，其政治、经济、文化都非常落后，蓄奴、劫掠贩卖人口之风盛行，社会极其不安定，是一片典型的蛮夷之地。柳宗元刚刚到任，就发生了严重的抢劫事件，强盗丛生，公然绑缚青壮年，虐杀老人儿童，到处是哭叫声，其状惨不忍睹。柳宗元作为刺史，"饥行夜坐"，废寝忘食地连夜制定了整治柳州的治安方略，甚至于每天夜里亲自执槌击鼓，带领手下巡行。终于在短时间之内，扭转了柳州治安混乱的混沌局面。

　　柳宗元作为刺史，虽然在贬，但是身为一州的最高行政长官，毕竟拥有行政实权，可以按照自己的计划和设想来造福一方百姓。宋代刘斧在《青琐高议》中写到柳宗元晚年谪柳州时说："子厚不薄彼人，尽仁爱之术治之。"，刘禹锡在《为鄂州李大夫祭柳员外文》中亦称其"远持郡符，柳江之壖。居陋行道，彼人歌焉。"柳州当地在柳宗元谢世以后也有"柳州柳刺史，种柳柳江边，柳馆依然在，千株柳拂天。（指柳宗元虽然去世，但是他的恩泽却像他手植的杨柳一样参天蔽日，绿树成荫，荫蔽着柳州一方百姓）"的民歌传唱不绝，可见柳宗元在当地是真正践行了他"吏者民役"、"吏是民仆"的为政理想。那么他究竟为柳州一方百姓做

了哪些贡献，以致身为孤臣的他能在身后长久地为人所纪念缅怀呢？或许，我们可以从他下面这些政绩中找到答案。

（一）兴办学堂，引进先进文化，积极推行儒家思想。

柳宗元向来重视教化，认为它是弘扬圣人之道，树立仁义之行的根本。早在长安时，便有"圣人之于祭祀，非必神之也，盖亦附之教焉"（《监察使壁记》）"开发之要在陶煦，然后不失其道。"（《与杨诲之书》）的观点。加之"延孔子之光烛于后来"是其一生理想。故而柳宗元六月一到达柳州，做的第一件大事就是在十月份积极修复崩坏了的文宣王庙（孔子庙），并写了《柳州文宣王新修庙碑》，然后又拨款兴建学堂，把多年废弃的"学府"恢复起来。古《县志》称："柳侯以身示教，柳人知学自此始。"使身在偏远山区的人民学习到了先进的中原文化。由此可见，对于岭南文化水平的提高，柳宗元可谓功不可没！

那时候的柳州，文化非常落后，生病后不求医。群众很迷信，病了不去求医服药，而是用竹签插鸡胫骨占卜，因而人民生病后死亡率非常高，而且牲畜很难繁殖起来。因此柳宗元就用科学文化去纠治迷信迂腐的习俗，在岭南地区脚气和霍乱是多发病，他便在民间推广医学和治病的药方，如《治脚气方》《治霍乱盐汤方》等等。同时他推广佛家思想，修复柳州大云寺，利用佛家大慈大悲的思想来教育大家，反对杀生，使牲畜得到了繁殖。

柳州虽然是个多民族杂居的地方，但柳宗元并未对他们持有偏见，而是由衷地同情他们，真心地帮助他们，在尊重少数民族的生活习惯和习俗的前提下，柳宗元凭借自己的努力，把中原的先进文化与儒家的道德教化引进了柳州，由以自己的嘉言懿行，

春风化雨般的感化着这个荒蛮之地的人民。从而形成了比法律约束更为有力的道德感化。宋代刘斧在《青琐高议》中写到柳宗元晚年谪柳州时说："子厚不薄彼人，尽仁爱之术治之。民有斗争至于庭，子厚分别曲直使去，终不忍以法从事。于是民相告曰：'太守非怯养鸡、蓄鱼，皆有条法。'民益富。"而韩愈在《柳州罗池庙碑》中对此更是有极为详细的记载，文曰：

> 柳侯为州，不鄙夷（轻视）其民，动以礼法。三年，民各自矜奋，曰："兹土虽远京师，吾等亦天氓（天子的臣民），今天幸惠仁侯，若不化服，则我非人。"于是老少相教语，莫违侯令。凡有所为，于其乡闾，及于其家，皆曰："吾侯闻之，得无不可于意否？"莫不忖度而后从事。凡令之期，民劝趋之，无或后先，必以其时。于是民业有经（秩序），公无负租，流逋四归，乐生兴事，宅有新屋，步有新船，池园洁修，猪牛鸭鸡，肥大蕃息。子严父诏，妇顺夫指，嫁娶葬送，各有条法，出相弟长，入相慈孝。民贫以男女相质，久不得赎，尽没为隶。我侯之至，按国之故，以佣除本，悉夺归之。大修孔子庙，城郭巷道，皆治使端正，树以名木，柳民既皆悦喜。

从这段文字中，我们大致可以目睹当年柳宗元为政柳州时仁政爱民的风采。相对于严刑峻法，本着儒家民本思想与仁义观念的柳宗元总是更倾向于以道德的教化去从思想上感化教育人民。他如是说亦如是做，在他为政四年的记载中，我们几乎看不到柳

宗元大动刑罚的记载，相反的，他大力宣扬儒家的孝悌之道，夫妇之伦，婚丧之俗，同时废除蓄奴陋习，大修孔庙，又大兴城市规划建设，切实为人民做了很多好事，让地处偏远之地的他们感受到了朝廷对他们的恩德，体验到身为天子臣民的荣耀。也正是因为如此，柳州的人民深深地爱戴着他们的柳刺史，认为若再不遵纪守法，努力农桑，则愧称为人。他们相互监督，相互劝解，不仅严格地遵循刺史的政令，而且凡有所为，总是要先想一想，如果他们的刺史知道了，会不会赞同，三思而后行。在这种官民互尊互爱的政治大环境中，朝廷的政令无论先后，都在人民自觉地劝勉、努力下于限期内完成。社会上更是井然有序，民生富足，连很多早些年流域他乡的人们都慕名而归。偏远落后的柳州在柳宗元的治理下呈现出一派欣欣向荣的景象。这不得不说是柳宗元道德教化，文化普及的功劳所在。

（二）大力发展经济，改善民生，提高人民生活水平。

柳宗元到任柳州之时，柳州的经济还很落后，为了开发柳州，柳宗元不仅大力提倡林业、牧业，还亲身参加一些劳动。因为欣赏屈原《橘赋》中橘树"受命不迁"的忠贞品质，柳宗元十分喜爱柑橘，当发现柳州气候适合柑橘的生长时，便亲自带领百姓在柳州的西北区开垦荒地，种植柑橘二百余株。对此，他曾作《柳州城西北隅种甘树》一诗加以纪念，诗云：

手种黄甘二百株，春来新叶遍城隅。

方同楚客怜皇树，不学荆州利木奴。

几岁开花闻喷雪，何人摘实见垂珠？

柳　宗　元

若教坐待成林日，滋味还堪养老夫。

　　此诗作于元和十一年（公元 816 年）的春天，是柳宗元目睹
了自己带领柳州百姓所植的橘树长出了新芽时兴起而做。在诗歌
中柳宗元特意强调"方同楚客怜皇树，不学荆州利木奴"。这里是
运用了屈原《桔赋》和丹阳太守李衡的典故来说明自己种植橘树
的目的。屈原喜爱桔树，在《桔颂》中写下"后皇嘉树，橘徕服
兮"的句子来赞美桔树"深固难徙，受命不迁"的坚定意志和爱
国情怀。以及它"秉德无私，廓其无求""闭心自慎，淑离不淫"
的道德品质修养。柳宗元与屈原一样，之所以喜爱橘树种植橘树，
恰恰是因为从它的优秀品质上找到了自己的影子。柳宗元种橘，
一是为明志，二是为向柳州的人民宣扬橘树这种高洁的品质，希
望他们加以继承和发扬。"不学荆州利木奴"一句语出《水经注·
沅水》，书载："沅水又东历龙阳县之氾州，洲长二十里，吴丹阳
太守李衡，植柑子于其上，临死，敕其子曰：'吾洲里有木奴千
头，不责衣食，岁绢千匹。'"李衡用木奴把橘树比作作不需衣食
而可获利的奴隶。柳宗元此句意在说明自己种植橘树并不是要学
三国丹阳太守李衡那样为自己的子孙后代经营田产，而是想要贻
惠百姓，因而才有了下面"几岁开花闻喷雪，何人摘实见垂珠?若
教坐待成林日，滋味还堪养老夫。"之句，表示将来无论何人摘取
果实，无论自己是否有机会品尝此树果实之甘美，都由衷的高兴，
因为这些橘树定将有助于当地的经济发展，造福柳州百姓。

　　除了栽种橘树，柳宗元还以其他的多种形式亲身参与躬耕，
鼓励农牧业生产，倡导城市建设。柳宗元在主持修复大云寺的同
时，还带领百姓在寺院的附近开荒种地，种植蔬菜和树竹等经济

作物，这种对农林生产的重视，极大的推动了当地的经济发展。此外，鉴于柳州位于柳江河畔，河堤年久失修，非常容易遭受洪水的侵袭。柳宗元还亲自带领百姓在河畔种植柳树，以达到保护河堤和美化环境的双重功效。对此他作有《种柳戏题》一诗歌加以记载，表达自己积极的想要为民谋福的心愿，诗云：

> 柳州柳刺史，种柳柳江边。
> 谈笑为故事，推移成昔年。
> 垂阴当覆地，耸干会参天。
> 好作思人树，惭无惠话传。

柳州百姓因愚昧落后，故而为谣言所迷惑，不敢破土打井水，生活和饮用水都是靠柳江江水，旱季要长途跋涉，雨季则又常常因为道路泥泞而摔倒。而且河水很不卫生，喝了很容易生病。故而，为了解决人民的饮用水问题，柳宗元便下令拨款，在城里挖井打水，不久，打井成功"寒食冽而多泉，邑人（城里人）以灌"，柳州的百姓们喝到了便利洁净的井水。这件事"其利悠久"，造福于民。使百姓的用水问题得到了解决，极大地方便了人们的生活。

（三）解放奴婢，保障人民自由权利

这是柳宗元在柳州最为重大的善政之一，历来为后世所称赞。唐律并不反对贩奴和蓄奴，但命令禁止掠卖奴婢。官属奴婢多来自被配放的罪犯及其家属，也有地方政府向中央进贡奴婢的。但是奴婢的来源有着很严格的限制的，强抢良人百姓为奴或是贩卖

良人百姓为奴是被命令禁止的。柳州地处穷乡僻壤，蓄奴的风气还是很严重，不但有人明知道掠卖良人去做奴婢是违法而明知故犯，更有甚者有用良人作为抵押品借贷，过期未还，则被抵押的良人即成为债主奴婢的陋习。奴婢地位低下，形同牲畜，且没有百姓户籍依附于主人，无户籍租税等承担。良人沦为奴婢一方面会造成人民永世沦为奴婢受人奴役压迫的悲剧，另一方面还意味着国家编户的减少，直接影响到税赋收入。为此，柳宗元不仅自掏腰包买下了一些奴婢，恢复他们的自由，还针对"抵良人为奴"的陋习制定了一项切实可行的政策，来解放那些为债务所困沦为奴隶的良人百姓。他规定奴婢可以用钱赎身，赎身后便是良民。对于那些暂时拿不出钱来赎身的奴婢，从其为奴之日起，按市场价计算工钱，当工钱与债款相抵时，奴婢的身份就自动解除。这条规定在柳州地区得到了严格的执行，不仅有效地保证了下层人民的人身自由，并且激发了劳动者的生产积极性，极大地促进了柳州地区社会生产力的提升。这项规定还在日后被别的州县所推广，使更多的奴隶得到了解放。这不得不说是柳宗元功德无量的一项善政。

柳宗元在柳州从政的时间并不长，仅有短短的四年。然而，四年中，他兢兢业业，竭尽所能，为柳州百姓做了很多切实改善民生的大事、实事。柳州人民铭记他的善政，在他死后，柳州的人民特在柳州罗池建柳侯祠纪念他，柳侯祠香火鼎盛，绵延不绝。而柳宗元造福一方的嘉言懿行，又为日后众多在柳州任职的地方官员所膜拜敬仰，努力效仿。今天，我们在柳州有据可查的历史文献中，仍可以看到大量的与柳宗元直接有关的文献。柳州人民对这位有德于民的刺史千百年来的祭奠和歌颂，就是对柳宗元治

理柳州最大的肯定。

三、生有高名，没为众悲

　　柳宗元在永州的时候身体就欠佳，身患痞症，到了柳州不久就生"奇疮"，险些丧命，之后又遭一场霍乱。这两场病的来袭，使得柳宗元本就衰弱不堪的身体更加虚弱，身体状况愈来愈差。可是即便在这种情况下，他的脑子里想的也是不忘"泽加于民"，每天日理万机，想要在施政上有所建树。此外，晚年在柳州的他，心系国事、维护统一的心情依然有增无减，淮西吴元济等人叛乱，力主平叛的宰相武元衡被刺身亡，虽然武元衡一度在柳宗元被召回京的事情上持反对态度，对柳宗元本人也颇为不屑，但柳宗元此时还是顿足捶胸，写下长诗《古东门行》赞扬武元衡维护国家统一的言行，并为他的死深表哀悼。三年后，当淮西之乱终于平息。柳宗元欣喜若狂，当即挥笔写下《平淮夷雅》两首长诗，一吐为国家统一得以维护而感到的由衷喜悦。文学上，柳宗元柳州四年内的作品数并不少，留世的就有 60 余篇，虽然这个时期的作品锐气减少了不少，弥漫着一种绝望无奈的感伤情怀，但是却从未流露出屈服示弱之意。他一如既往地倾囊而授，褒掖后学，以最大的热情支持着古文运动。韩愈的《柳子厚墓志铭》就曾记载"衡、湘以南为进士者，皆以子厚为师。其经承口讲指画为文词者，悉有法度可观"这一情况。晚年的柳宗元深深地意识到了自己在有生之年很难东山再起，自己政治上的失败，仕途上的不顺，事业上的落魄已成定局。因此，他更加想念家乡，想念长安，希望能再次回到那让他充满理想和抱负的京师，看看他的亲朋好友，看看他的先人故居。在《登柳州峨山》中，柳宗元写到"荒山秋

日午，独上意悠悠。如何望乡处，西北是融州。"深秋的中午，柳宗元独自一人爬上峨山，想远眺家乡，奈何在西北的方向尽是融州的高大山川，长安故园恐怕唯有在梦中相见了。柳宗元此时的失落和感伤，千载之后，仍深深令人们唏嘘同情。柳宗元至死也想不明白，为什么尸位素餐者得以养尊处优，自己为国为民却落得如此境地。他一生所坚持的圣人之道，真的就是正确的吗？而此时苍天无语，群山无声，唯独留下柳宗元一个苍老的瘦弱背影，孑然独行，孑寂萧索，分外凄凉。

内心的抑郁和柳州恶劣的环境极大的透支了柳宗元原本就早衰的身体。柳宗元自己也"心绪绝劣，则自知不寿"，与好友们饮酒驿亭时，柳宗元不无感慨地说"吾弃于时，而寄于此，与若等好也。明年吾将死。"但他又有什么办法呢，唯有在有生之年更加勤勉地为柳州人民做几件好事，再做几件好事……元和十四年十一月初八（公元 819 年 11 月 28 日）柳宗元病逝于柳州任所。在生命最后的时光里，他给好友刘禹锡和韩愈写了几封信。柳宗元将自己的文学作品整理完毕后邮寄到刘禹锡那里，希望由其整理成册，又将自己的儿女分别托付给韩愈与刘禹锡抚养。他再三嘱咐，希望可以将自己的灵柩运回长安的万年县，埋葬在柳家的先人墓地。回到他日思夜想的故园——长安。

柳宗元为官清廉，死时室如悬磬，连丧葬费都是时任桂管观察使的裴行立捐助。当刘禹锡得知好友已故的噩耗后，悲痛万分，他南望桂水，哭其故人，虽明知"君之不闻"，却仍然"余心不理，含酸执笔，辄复中止"，唯有发誓将柳宗元的幼子周六视同己出。刘禹锡一边忙着柳宗元回长安的安葬事宜，一边与柳宗元的

生前好友韩泰、韩晔、等人联系，并请韩愈为柳宗元写墓志铭。次年正月，柳子的灵柩运回长安落葬之前，刘禹锡派使者黄孟苌前往祭奠，并亲作《祭柳员外文》，在祭文中，他将柳宗元命途多舛，天妒英才的一生归结为"生有高名，没为众悲"。崔群在祭文中也称柳宗元之死是"今古同悲"。韩愈接到刘禹锡信件得知柳宗元去世凶讯的时候，正在由潮州刺史改任袁州刺史的任上，当他得知柳宗元驾鹤西去，也是泣不成声，立即写下了祭文，派专人到柳州吊唁，这就是文学史上的千载名篇《柳子厚墓志铭》。柳州人民对柳宗元的去世悲痛异常，在他死后第三年，即长庆元年（821年），在柳州的罗池为柳宗元建庙，把柳宗元供奉为"罗池之神"，又派人去找韩愈，请他为柳宗元撰写《柳州罗池庙碑记》，以记录柳宗元在柳州的政绩。后来当地百姓又在罗池庙旁修建了柳宗元的衣冠墓，世世代代纪念他们的好刺史——柳宗元。